Druk, druk, druk...

Over spanning en stress

*De vlinder telt geen maanden doch momenten
en heeft tijd genoeg*
R. Tagore, Vuurvliegen

Druk, druk, druk...

Over spanning en stress

Carry Petri
Jolanda Bouman

Tweede druk

Thema, bedrijfswetenschappelijke en educatieve uitgeverij, 1998

De serie 'Mens en Bedrijf' wordt uitgegeven door Thema, bedrijfswetenschappelijke en educatieve uitgeverij van Schouten & Nelissen in Zaltbommel.

De serie staat onder redactie van:
René ten Bos
Anje-Marijcke van Boxtel
Anton van den Dungen
Monique Lindzen
Maarten van Rooij
Tjitske Veldkamp
Wies Weijts

© Carry Petri, Jolanda Bouman

Niets uit deze uitgave mag worden vermenigvuldigd en/of openbaar gemaakt door middel van druk, fotokopie, microfilm of welke andere wijze dan ook, zonder voorafgaande schriftelijke toestemming van de uitgever.

Illustraties:	Wim H. Hoogerdijk
Fotografie:	Witold de Man
Omslagfoto en layout:	M/V Ontwerpers
Omslagontwerp:	Elma Smeenk
Druk:	Tailormade, Buren
ISBN:	90.70512.70.X
NUGI:	711
Trefwoord:	stress

INHOUD

Inleiding 7

1. Wat is nou stress? 12
2. Vroeger deed ik anders 27
3. Stress? Dat denk je maar... 41
4. De kracht van verbeelding 71
5. De kunst van het ontspannen 79
6. Mooie plannen, nu nog doen 85
7. Tot hier en niet verder 92
8. Reageer eens anders 102
9. Baas over uw eigen tijd 110
10. Praten over stress 125

Nawoord 132
Literatuur 134

Inleiding

Hoeveel mensen klagen niet over tijdgebrek, over hoe druk ze het hebben, hoe ze onder spanning staan en hoe moe ze zijn? Als we maar meer tijd zouden hebben, dan zou het allemaal veel beter gaan, dan zouden we ook nog eens tot rust kunnen komen en ons minder gestresst voelen. Maar is dat zo? Zouden we het inderdaad minder druk krijgen als er meer uren in een dag zaten? Wij betwijfelen dat. Want is het wel alleen dat gebrek aan tijd en die hoge werkdruk die ons spanning en stress bezorgen? Veel mensen máken zich druk, ook om kleine dingen. En wat te denken van mensen die géén drukke baan hebben of helemaal geen baan. Hebben zij geen last van spanning? Niets is minder waar. Stress kan zich bij iedereen manifesteren, ongeacht het soort werk dat iemand doet, of de sociale klasse waartoe hij behoort, en ongeacht zijn sekse of leeftijd.

Waar zit dan het probleem? Wij denken dat mensen zelf voor een groot deel verantwoordelijk zijn voor hun spanning. We willen en moeten vaak van alles, koste wat het kost: een goede baan, liefst met flink wat status, zinvolle vrije-tijdsbesteding, sporten, veel contacten, verre reizen, kinderen etc. En alles het liefst zo snel en efficiënt mogelijk.

Willen we misschien gewoon te veel? Kan het niet een onsje minder? Is het de prijs die we ervoor moeten betalen, spanning en stress, wel waard? Veertig procent van alle mensen in de WAO zijn daar door psychische problemen in terechtgekomen. Een schrikbarend hoog percentage, dat noopt tot nadenken over waar we eigenlijk mee bezig zijn.

Met dit boek bieden wij u allerlei handvatten om meer rust in uw leven te creëren, om anders tegen de dingen aan te kijken en uw spanning en stress te verminderen. Dat betekent vooral dat u beter voor uzelf moet leren zorgen; dat u leert luisteren naar de waarschuwingssignalen die uw lichaam u geeft. Dat u pas op de plaats leert maken en weet wanneer de boel uit balans dreigt te raken. En vooral ook dat u de technieken kent die u helpen spanning te reduceren en uw leven meer in balans brengen.

We realiseren ons dat invloeden buiten uzelf een rol spelen bij het krijgen van stress, bv. grote reorganisaties, fusies, een faillissement. Dit soort situaties vragen om een veel bredere aanpak (o.a. door de organisatie zelf) dan wij u in dit boek kunnen bieden. In dit boek bieden we u mogelijkheden om invloed te kunnen uitoefenen op het enige waar u invloed op kúnt uitoefenen: u zelf.

We behandelen stress vanuit vier verschillende invalshoeken, nl. uw manier van denken (cognitief), uw manier van ontspannen (lichamelijk), uw leefstijl (hoe gezond leeft u) en uw houding en gedrag ten opzichte van anderen (gedragsmatig). De combinatie van deze vier elementen blijkt in de praktijk zeer doeltreffend te zijn. Juist door op verschillende fronten actie te ondernemen, pakt u de zaak grondig aan en kunt u spanning blijvend het hoofd bieden.
Welke benadering(en) voor u het beste werken, zult u gaandeweg dit boek ervaren. De ene techniek spreekt u misschien meer aan dan de andere of sorteert juist bij u het gewenste effect. Dat neemt overigens niet weg dat een gecombineerde aanpak het meeste resultaat garandeert.

Wie stress ervaart, legt de oorzaak daarvan vaak buiten zichzelf. Zo'n weinig zelfkritische en passieve houding helpt u niet om het probleem actief het hoofd te bieden. Integendeel, door allerlei gedachtenspinsels wordt het er vaak alleen maar erger op. Er is echter veel dat u *zelf* kunt doen om spanning terug te brengen tot een aanvaardbaar en hanteerbaar niveau. U hebt zelf veel meer invloed op hoe u zich voelt dan u denkt.

De aanwijzingen en tips in dit boek helpen u actief ten strijde te trekken tegen de spanning en stress die u het leven zo zuur kunnen maken. Daarmee kunt u de balans in uw leven terugvinden en plezierig, prettiger leven. En dat is zonder meer de moeite waard. U leeft tenslotte maar één keer.

Wij willen iedereen die de afgelopen jaren deel heeft genomen aan onze stressmanagementtrainingen bedanken. Zonder hun kennis en ervaringen was dit boek nooit tot stand gekomen.

Carry Petri
Jolanda Bouman

Hoe stressbestendig bent u?

Voor u verder leest, staan we even stil bij hoe het nu met u gaat. Hoe stressbestendig bent u op dit moment?
Geef van iedere bewering aan in hoeverre deze op u van toepassing is. Beantwoord de vragen zo eerlijk en spontaan mogelijk. Maak een keuze uit de volgende vier antwoorden:

A - klopt helemaal niet
B - klopt af en toe
C - klopt vrij vaak
D - klopt helemaal

	A	B	C	D
Ik ben nooit helemaal tevreden met wat ik heb bereikt.	○	●	○	○
Ik raak snel geïrriteerd door anderen.	○	●	○	○
Ik heb haast bij het afhandelen van zaken.	○	●	○	○
Ik ben vaak onzeker van mezelf.	●	○	○	○
Ik maak me lang zorgen om wat er is gebeurd.	●	○	○	○
Ik kan mijn emoties moeilijk uiten.	○	●	○	○
Ik zie de toekomst somber in.	○	●	○	○
Ik heb de neiging te piekeren bij teleurstellingen.	●	○	○	○
Ik kan ook in mijn vrije tijd moeilijk afstand nemen van mijn werk.	●	○	○	○
Ik aarzel bij beslissingen.	●	○	○	○
Ik wind me snel op.	○	●	○	○
Ik voel me vaak eenzaam.	○	●	○	○
Ik ben gevoelig voor weersomstandigheden.	○	●	○	○
Ik ben vaak ontevreden over mijn prestaties.	●	○	○	○
Ik ben snel ongeduldig.	○	○	●	○
Ik vind dat ik te veel rook.	●	○	○	○
Ik heb te weinig zelfvertrouwen.	●	○	○	○
Ik kan niet goed nadenken in moeilijke situaties.	○	○	●	○
Ik voel me opgejaagd in mijn werk.	○	○	●	○
Ik slaap niet goed.	●	○	○	○
Ik drink meer dan goed voor me is.	●	○	○	○
Ik kom moeilijk tot rust.	○	●	○	○

	A	B	C	D
Ik kan me slecht concentreren.	○	●	○	○
Ik kom lichaamsbeweging tekort.	○	○	●	○
Ik ben gevoelig voor lawaai.	○	○	●	○
Ik heb snel hoofdpijn.	●	○	○	○
Ik heb regelmatig last van klamme handen.	●	○	○	○
Ik kan slecht tegen kritiek.	○	●	○	○
Ik schrik vaak overmatig.	○	●	○	○
Ik wantrouw veel mensen om mij heen.	○—●	○	○	
Ik heb maag- en/of darmklachten.	●	○	○	○
Ik laat mijn leven te veel door anderen of mijn omgeving beheersen.	○	●	○	○
Ik ben snel door anderen of door gebeurtenissen ontroerd.	○	●	○	○
Ik ben gauw bang.	●	○	○	○
Ik kom vaak tijd te kort.	●	○	○	○

A = 0 punten
B = 1 punt
C = 2 punten
D = 3 punten

Tel alle punten bij elkaar op.

0 - 9 = u hebt een hoge stressbestendigheid
10 - 22 = u hebt voldoende stressbestendigheid, maar u moet meer aandacht besteden aan uw 'zwakke' punten
<u>23 - 32</u> = u hebt waarschijnlijk last van beginnende stress, u zult actiever aan uw stressbestendigheid moeten werken
33 - 46 = uw stress wordt storend, actie is echt nodig
47 - 105 = grote kans op klachten of problemen. Er is sprake van een ongezonde situatie. Begeleiding van buitenaf kan noodzakelijk zijn.

HOOFDSTUK EEN

Wat is nou stress?

De stress de baas
Intermediair, 13.12.96

De roep om rust
Algemeen Dagblad, 26.04.97

En nu nog onthaasten. Tips voor een rustiger leven
VB Magazine, mei 1997

Gezondheidsrisico's sterk toegenomen door hogere eisen werkgevers. Werknemers bedrijven topsport
Brabants Dagblad, 16.10.96

Een paar koppen uit kranten en tijdschriften. Sla een willekeurig blad op en u vindt regelmatig een artikel over stress. Stress is een hot issue. De roep om rust klinkt steeds luider. Er bestaat zelfs een nieuw woord voor: onthaasten. Ondanks het feit dat we meer vrije tijd hebben dan vroeger (een 36-urige werkweek is tegenwoordig heel gewoon), lijkt het er niet op dat mensen het ook rustiger krijgen. De meesten hebben het druk, druk, druk. Steeds meer werk doen in minder tijd, nog harder werken om bij een reorganisatie of promotieronde niet buiten de boot te vallen, steeds flexibeler en nog klantgerichter zijn. Ook privé ervaren we druk: meer en meer sociale verplichtingen, niet lopen maar racen door de supermarkt en dan moeten de kinderen nog op tijd van en naar school of de crèche. En als we dan eindelijk 'vrij' zijn, moeten we nog zonodig naar die tentoonstelling of naar die film.

Of we zijn te uitgeput om nog iets te doen. Gewoon ontspannen komt er niet meer van. Het lijkt wel of we een wedloop tegen onszelf houden. Tot we erbij neervallen...

Maar wat is stress nu eigenlijk? Het woord 'stress' wordt te pas en te onpas gebruikt. De vriendin die nerveus is voor haar rijexamen noemen we 'een beetje gestresst'. De collega die meer werk heeft dan hij aankan, vinden we een gestresst type, maar ook de buurman die bij de dokter loopt en thuiszit, heeft last van stress. De vriendin is nerveus, de collega dreigt overwerkt te raken en de buurman is overspannen. Stress is een containerbegrip geworden, dat voor van alles en nog wat wordt gebruikt en vaak een negatieve bijklank heeft.

Er zijn allerlei vormen en gradaties van stress. Stress kan zelfs effectief en gezond zijn. We hebben het nodig om beter te kunnen presteren, om tot actie te kunnen komen. Maar soms hóeven we niet beter te presteren en ervaren we toch stress. Dan is stress ineffectief en ongezond. Het levert ons niks op. Stress put ons dan uit, ondermijnt onze gezondheid en kan, als we niet op tijd ingrijpen, overspannenheid of burnout tot gevolg hebben. Stress kan dus gezond zijn, maar ook ongezond.

In dit boek leert u hoe u die ongezonde, ineffectieve stress kunt voorkomen of verminderen. Want u kunt er zélf heel wat aan doen. Voordat u hiermee aan de slag gaat, laten we u eerst zien hoe stress ontstaat en wat het verschil is tussen gezonde en ongezonde stress.

Gezonde stress

Frans is projectleider. Over een uur moet hij voor de directie een belangrijke presentatie houden over de vorderingen van een project. De meeste onderdelen van het project verlopen volgens schema en Frans heeft zich goed voorbereid. Toch voelt hij zich gespannen. Hij moet vaak naar het toilet, kan zich niet echt meer concentreren op andere werkzaamheden en neemt voor de zoveelste keer zijn aantekeningen door. Eindelijk is het zover. Met kloppend hart begeeft hij zich naar de directiekamer. Als hij eenmaal aan de gang is, valt de spanning grotendeels van hem af. Hij komt goed op dreef en doet enthousiast en vol overtuiging verslag. De directie is kritisch, maar tevreden. En Frans gaat met een goed gevoel weer aan het werk.

Heeft Frans nu last van stress?
Ja. Naarmate het moment van zijn presentatie nadert, neemt de spanning voelbaar toe en vertoont hij een aantal stress-signalen: concentratieproblemen, veelvuldig plassen, versnelde hartslag. Die verdwijnen echter als hij zijn presentatie houdt. Achteraf kunnen we vaststellen dat Frans zichzelf heeft 'opgepompt' om volledig 'op scherp' aan de start te verschijnen en een goede prestatie te leveren. En dat lukt hem ook. Hij merkt dat hij zich zorgen maakt en wat gespannen is. 'Als het maar goed gaat', denkt hij. Maar die spanning ontlaadt zich snel en verandert in een gevoel van plezier en succes, want het gaat goed. U kunt zich misschien zelfs voorstellen dat hij minder had gepresteerd als hij die spanning vooraf niet had gehad. Deze vorm van stress is dan ook effectief. Frans heeft die 'adrenalinestoot' nodig. Het helpt hem om goed voor de dag te komen.

U kunt deze situatie vergelijken met die van een atleet in opperste concentratie, alle spieren gespannen, klaar om bij het startschot van de 100 meter als een raket weg te schieten met maar één doel voor ogen: als eerste over de finish. Zonder die spanning zou hij geen schijn van kans hebben. Het is een situatie waarin stress positief en effectief is.

> Niet omdat het moeilijk is, durven wij het niet aan, maar omdat wij het niet aandurven, is het moeilijk.
> *Seneca*

Ga eens voor uzelf na:
U herkent dit soort situaties vast wel. Omschrijf een gebeurtenis waarbij u deze effectieve vorm van stress ervaarde.

_____

_____

_____

_____

Misschien hebt u ook een voorbeeld uit de sport gegeven. Daarin is de effectieve vorm van stress, die vreemde mengeling van angst en plezier, goed herkenbaar. We worden er weerbaar en gezonder door, zowel lichamelijk als geestelijk. Het daagt uit en zet aan tot creativiteit en zelfs topprestaties. Sterker nog, in sommige situaties hebt u die spanning nodig om (in opperste concentratie) tot actie te kunnen komen, soms zelfs om onheil te voorkomen; te overleven. Dit laatste staat bekend als het *fight-flight mechanisme*. Als een kat door een hond achterna wordt gezeten, staat de kat onder enorme spanning: er dreigt gevaar voor z'n leven. Het is de acute stress die de kat bescherming biedt, die maakt dat hij onmiddellijk in actie komt: rennen voor z'n leven *(flight)* of, als hij in het nauw wordt gedreven, vechten voor z'n leven *(fight)*. Zonder het verhoogde adrenalinegehalte in z'n lichaam, dat al z'n spieren mobiliseert en klaarmaakt voor actie, heeft de kat geen schijn van kans.

Datzelfde mechanisme treedt ook op bij de mens. Als iemand u op de snelweg 'snijdt', trapt u automatisch op de rem om een aanrijding te voorkomen. U denkt daar niet over na, de stress maakt dat u geen seconde verliest en onmiddellijk reageert.

Stress kan dus heel positief zijn, ook al denken veel mensen bij dat woord alleen aan negatieve zaken als onder druk staan, onplezierige gevoelens hebben en lichamelijke klachten als hoofdpijn, slapeloosheid en vermoeidheid.

Ongezonde stress

Margriet heeft een rotdag. Dat begint al 's ochtends. De kinderen doen lastig en de auto wil niet starten. Gelukkig is de buurman nog niet vertrokken en krijgt ze de auto met behulp van zijn startkabel toch aan de praat. Maar door alle vertraging is ze wel te laat om de file te ontwijken en ze komt daardoor een uur later behoorlijk gestresst op haar werk aan. Ze wil vandaag de laatste hand leggen aan een uitgebreid rapport, want morgen is de deadline. Van rustig werken komt echter niets. Haar secretaresse is ziek en de hele dag wordt ze gestoord door allerlei telefoontjes. Er komt ook nog een spoedklus tussendoor. Als dan tot overmaat van ramp ook de printer het begeeft, ziet ze het echt niet meer zitten. Het huilen staat haar nader dan het lachen. Ten einde raad besluit ze om de rest 's avonds thuis te doen. Slecht gehumeurd kookt ze nog een snelle hap, maar als haar zoon tijdens de afwas een bord breekt, barst ze in woede uit en krijgt hij de volle laag. Na nog wat gewerkt te hebben, gaat ze uitgeput en met een schuldgevoel vanwege haar uitbarsting veel te laat naar bed.

Heeft Margriet last van stress?
Ja, dat kunnen we wel stellen. Margriets dag bestaat uit een aaneenschakeling van tegenvallers en pech en de spanning in haar lichaam hoopt zich steeds meer op. Ze voelt irritatie, frustratie, ze doet druk en is humeurig. Het lukt haar niet om zich over de teleurstellingen heen te zetten en ze raakt meer en meer geïrriteerd, mede door de angst dat ze de deadline niet zal halen. Uiteindelijk mondt dat ook nog uit in een buitensporige uitbarsting tegenover haar zoon.
In tegenstelling tot Frans, ontlaadt de spanning zich bij Margriet niet. Het wordt in de loop van de dag alleen maar

erger en zij voelt zich steeds ellendiger. Bij Margriet is duidelijk sprake van ongezonde stress zonder enige positieve functie. Het helpt haar niet om de lastigheden van de dag het hoofd te bieden en zo geconcentreerd te werken dat ze de deadline haalt: haar stress is ineffectief.

Natuurlijk leidt ook deze stress niet per definitie tot overspanning. Een mens kan veel spanning aan. We hebben allemaal wel eens een dag als die van Margriet, zonder dat we daar blijvend last van hebben. Het gaat pas fout als spanning niet meer wordt afgewisseld door ontspanning of als de spanning te lang op een te hoog niveau blijft. Dan vermindert op den duur onze veerkracht, plegen we roofbouw op ons lichaam en putten we onszelf uit. Dan kan overspannenheid het gevolg zijn.

Ga voor uzelf na:
Kunt u aangeven wanneer u zich gespannen voelt? Omschrijf kort een aantal situaties vergelijkbaar met die van Frans en Margriet en bekijk in hoeverre uw stress effectief of ineffectief was.

_____

_____

_____

Spanning versus ontspanning

Stress heeft alles te maken met spanningen. Zolang spanning en ontspanning in balans zijn en elkaar regelmatig afwisselen, is er niets aan de hand.

Een gezond spanningsverloop ziet er als volgt uit.

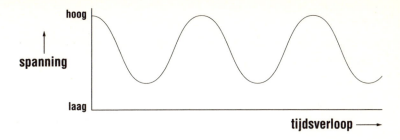

De 'pieken' in deze spanningsboog zijn de situaties waarop spanning wordt ervaren. Bijvoorbeeld: lang en hard werken om de boel op tijd af te krijgen, een file, ongerustheid omdat uw dochter niet op de afgesproken tijd thuis is, een presentatie moeten houden, emotioneel opgewonden zijn voor een blind date etc. Zolang die pieken van spanning gevolgd worden door perioden van ontspanning, rust en emotionele ontlading, is er niets aan de hand. Deze vorm van stress hoort bij ons leven.

U gaat bijvoorbeeld met een voldaan gevoel naar huis omdat u het werk net voor de deadline hebt afgekregen en tracteert uzelf op een etentje of een flinke strandwandeling. Uw dochter komt weliswaar een uur te laat maar ongedeerd thuis. Uw presentatie verliep goed en u praat gezellig nog wat na. De blind date blijkt een onderhoudend type te zijn en u hebt een leuke avond. Bij al deze voorbeelden geldt dat tegen de tijd dat de volgende spanningsvolle situatie zich voordoet, u voldoende rust hebt gehad om die weer aan te kunnen.

> Wie rust, moet actief blijven, en wie actief is, moet ontspannen zijn. Ga maar te rade bij de natuur: zij zal je wel uitleggen waarom zij zowel de dag als de nacht heeft geschapen.
>
> *Seneca*

Een ongezond spanningsverloop vertoont een heel ander beeld.

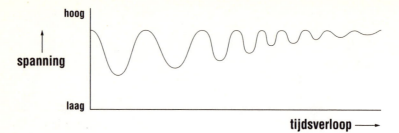

Het verschil met de 'gezonde boog' zit, zoals u ziet, in het feit dat er nauwelijks sprake is van rust of emotionele ontlading. De spanning blijft te lang op een te hoog niveau en de spanningsvolle situaties volgen elkaar snel op. Er zijn geen of te weinig momenten van rust en ontspanning. 'De boog blijft gespannen', letterlijk.
U kunt zich wel voorstellen dat dat op een gegeven moment leidt tot uitputting en diverse klachten.

Neem het voorbeeld van een elastiekje. U kunt het zonder problemen honderden keren uittrekken en weer terug laten springen. Maar rekt u het uit en zet u het lang onder die spanning vast, dan verliest het na verloop van tijd zijn elasticiteit, zijn veerkracht. 'De rek is eruit.' En die uitspraak doen mensen die stress ervaren regelmatig.

Ga eens voor uzelf na:
Kunt u aangeven wanneer u zich echt ontspannen voelt? Wat doet u dan?

_____

_____

_____

Doet u wel eens bewust iets om na een spanningsvolle situatie weer tot rust te komen? Wacht u tot het vanzelf weer overgaat of onderneemt u actie en hebt u een eigen manier om te ontspannen (bijvoorbeeld sporten, uitgebreid in bad, een boek lezen, yoga)? Wat doet u?

_____

_____

_____

Niet iedereen reageert hetzelfde in 'stresssituaties'
Mensen reageren heel verschillend in situaties die tot stress kunnen leiden. In een en dezelfde situatie kunnen de reacties van persoon tot persoon verschillen. De een gaat van een bepaalde gebeurtenis compleet door het lint, terwijl een ander die precies hetzelfde meemaakt, er vrij laconiek onder blijft. Een voorbeeld is de file. Ziet u de verschillen als u om u heenkijkt? Misschien zit er in de rij naast u een man met een rood hoofd driftig te gebaren, terwijl de bestuurder voor u rustig een krantje zit te lezen of een liedje zingt.

En u, hoe vergaat het u in een file? Staat u ook altijd bij het verkeerde loket op het postkantoor, en als u dan uiteindelijk toch besluit om van rij te wisselen, blijkt daar weer net iemand te staan die een kentekenbewijs komt omzetten. En moet bij de kassa precies op het moment dat u wilt afrekenen de rol weer verwisseld worden? Om gek van te worden, niet? Controleert u als u op vakantie gaat ook talloze keren of u uw paspoort en cheques echt bij u hebt? En komt u er na drie uur rijden dan plotseling achter dat u vergeten bent het gas uit te draaien? De spanning schiet direct omhoog. Maar dan zegt uw partner: 'Rustig nou maar, dat heb ik gedaan.' En de spanning ontlaadt zich en langzaam komt u weer tot rust.

Wie herkent deze gebeurtenissen niet? We maken ze allemaal wel eens mee. Het gaat hier niet om stress die ziek maakt. We spreken hier van 'situationele stress'. De opwinding, het opgefokte, gejaagde gevoel dat ermee gepaard gaat, is echter wel een typisch verschijnsel dat zich bij stress voordoet. Voor wie al veel last heeft van spanning kan het net de bekende druppel zijn die de emmer doet overlopen en maakt dat u 'ontploft'.

Life Event Scale
Veranderingen in het leven en de energie die het kost om je daaraan aan te passen, kunnen tot stress leiden. In de Life Event Scale van Holems & Rahe zijn spanningsvolle veranderingen in een mensenleven in rangorde van ernst vastgelegd. Hoe hoger de score, hoe duidelijker de relatie is met het optreden van stress (mogelijk ziekte) in de periode daarna. Sommige veranderingen zullen voor zich spreken, maar van een aantal andere staat u wellicht te kijken.

Life event scale

Aanpassing aan: waarde:
- dood van een partner — 100
- echtscheiding — 73
- scheiding van tafel en bed — 65
- gevangenisstraf — 63
- dood van een naast familielid — 63
- persoonlijk letsel of ziekte — 53
- trouwen — 50
- ontslag — 47
- echtelijke verzoening — 45
- met pensioen gaan — 45
- ziekte in gezin of familie — 44
- zwangerschap — 40
- seksuele problemen — 39
- gezinsuitbreiding — 39
- verandering van baan — 39
- financiële problemen — 38
- dood van een goede vriend — 37
- veranderingen in de functie — 36
- toenemende huwelijksproblemen — 35
- zware hypotheeklasten — 31
- afgewezen worden voor een lening — 30
- toegenomen verantwoordelijkheid — 29
- kinderen verlaten het ouderlijk huis — 29
- problemen met schoonfamilie — 29
- er worden hoge eisen gesteld — 28
- partner gaat werken of stopt met werken — 26
- voor het eerst of het laatst naar school — 26
- wijzigingen van levensomstandigheden — 25
- verandering van persoonlijke gewoonten — 24
- onenigheid met de chef — 23
- wijziging van werktijden en/of arbeidsvoorwaarden — 20
- verhuizing — 20
- naar een andere school gaan — 20
- meer of minder vrije tijd — 19
- verandering van geloof — 19

- verandering van sociale activiteiten	18
- kleine lening sluiten	17
- veranderde slaapgewoonten	16
- meer of minder familiebijeenkomsten	15
- verandering in eetgewoonten/diëten	15
- vakantie	13
- Kerstmis	12
- kleine wetsovertreding	11

Opvallend is dat gebeurtenissen die juist gezien worden als leuk en prettig ook voor veel stress kunnen zorgen. Bijvoorbeeld trouwen, vakantie of de geboorte van een kind. Gebeurtenissen waar iemand naar uitkijkt, maar die heel wat veranderingen teweeg brengen in het leven. Het hangt er maar vanaf in hoeverre iemand erin slaagt zich daaraan aan te passen.

Stress heeft vaak te maken met de hoeveelheid werk die we op een dag moeten of willen verzetten. Overbelasting, te veel werk zal ook u bekend voorkomen. Het lijkt wel of het nooit af komt. Dat geeft het idee altijd maar tegen de klok in te moeten werken. Goed time-management en duidelijk prioriteiten stellen, zijn stappen in de goede richting. Uw doelen kennen en uw werk structureren is een goede zaak. In hoofdstuk 9 vindt u hier tips en adviezen voor.
Te weinig of te eenvoudig werk of het ontbreken van andere bezigheden (geen ontplooiingsmogelijkheid, geen creativiteit) kan ook een bron van spanning zijn. Wie het gevoel heeft dat hij niet gezien of gehoord wordt, dat het niet uitmaakt wat hij doet, kan daar de nodige spanning van oplopen. Om diezelfde reden kunnen ook werklozen, huisvrouwen of bejaarden last krijgen van stress. Hun dagelijkse bezigheden geven niet genoeg voldoening. Ze willen graag meer en dat lukt niet.

Communicatiestoornissen zijn eveneens grote boosdoeners. Denk aan het mislopen van gemaakte afspraken, onduidelijke afspraken, beloftes die niet nagekomen worden, 'ja' zeggen en 'nee' doen, met een half woord genoegen nemen maar achteraf niet precies weten wat de bedoeling is. De misverstanden, ergernissen, soms tot ruzies aan toe, zijn niet van de lucht. Problemen in de communicatie beperken zich natuurlijk niet alleen tot de werksituatie. Ook in de privésfeer levert dat af en toe de nodige irritatie op.

We hebben u inmiddels een aantal voorbeelden gegeven van situaties (privé, sociaal en op het werk) die tot stress kunnen leiden. Maar zoals gezegd doen ze dat niet altijd en niet bij iedereen. Of iemand wel of geen stress ervaart, is sterk persoonsgebonden. Gebeurtenissen waar de één luchtig overheen stapt, blijken voor anderen enorme bronnen van ergernis en frustratie.

De voorbeelden die we u gaven, zijn bedoeld om u te helpen bij het herkennen van uw eigen situaties en uw reacties daarop. Zelfinzicht is uitermate belangrijk om doeltreffende stappen te kunnen nemen die u op de goede weg helpen.

Ga nu eens bij uzelf te rade. Neem de afgelopen vijf dagen in gedachten en probeer voor uzelf de spanningsboog op de volgende pagina in te vullen. Omschrijf vervolgens de 'pieken'. Om wat voor situaties gaat het bij u?

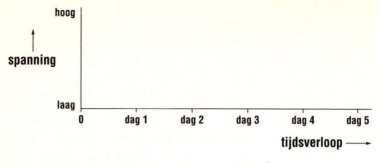

Mijn pieksituaties waren:

_____

_____

_____

_____

_____

Het intekenen van uw spanningsboog helpt u uw zelfinzicht te vergroten. Weten wanneer u last hebt van stress en wanneer u ontspant, is de eerste stap op weg naar een gezond leven zonder onnodige, ongezonde stress.

Het gaat erom uw spanningsboog weer een 'gezond' uiterlijk te geven. Want één ding zal duidelijk zijn. Spanningsvolle situaties zoals bij Frans en Margriet maken we allemaal mee. Belangrijk is dat u op zo'n manier met dit soort situaties leert omgaan dat ze uw leven niet gaan beheersen. Dat u plezier blijft houden in wat u doet.

HOOFDSTUK TWEE

Vroeger deed ik anders

In het vorige hoofdstuk is duidelijk geworden in welke situaties u stress kunt ervaren. We hebben het nog niet gehad over wat stress bij u teweeg brengt, waar u dan last van kunt krijgen (lichamelijk, gedragsmatig of gevoelsmatig). Voor we daar verder op ingaan, vragen we u het volgende logigram op te lossen. Neem daarvoor niet meer dan tien minuten de tijd. Probeer het eerst zelf. In het kader hieronder vindt u een voorbeeld. Komt u er echt niet uit, dan vindt u op pag. 137 extra aanwijzingen die u op weg kunnen helpen.

Hoe lost u een logigram op?

Met wat logisch nadenken en een systematische aanpak moet u de oplossing kunnen vinden. De tabel is daarbij een hulpmiddel. Zet een + als iets bij elkaar hoort en een - als informatie niet bij elkaar hoort. Voorbeeld:

Drie mensen werken bij hetzelfde bedrijf. Hoe heten zij en hoe oud is elk?

Aanwijzingen
1. Mevrouw De Bruin is 3 jaar ouder dan Marja.
2. De persoon met de achternaam De Wit is 29 jaar oud.

		Achternaam			Leeftijd		
		De Bruin	't Groen	De Wit	27	29	30
Voornaam	Anneke						
	Walter						
	Marja						
Leeftijd	27						
	29						
	30						

Uit: Puzzelsport Logikwiz juli 1997, Spaarnestad BV

> *Oplossing*
> - Uit (1) blijkt dat Walter niet De Bruin heet
>   → een - in het vakje Walter/De Bruin.
> - De Bruin heet ook niet Marja, dus is Anneke de enige goede mogelijkheid
>   → een + bij het vakje Anneke/De Bruin (en een - bij de andere achternamen).
> - Als Anneke de Bruin 3 jaar ouder is dan Marja, moet zij 30 zijn en Marja 27
>   → een + in de vakjes Anneke/30, De Bruin/30 en Marja/27
>   → een - in de vakjes Anneke/27-29, Marja/29-30 en De Bruin/27-29
> - Als Marja 27 en Anneke 30 is, moet Walter wel 29 zijn
>   → een + bij Walter/29
> - (2) zegt dat De Wit 29 is
>   → een + bij Walter/De Wit en De Wit/29 en - bij de rest in die rij en kolom
> - U kunt nu zien dat in de resterende blanco vakjes een + moet, omdat er verder alleen - in staat. Marja heet dus 't Groen.

Opdracht

In eerste instantie lijkt het misschien alsof deze opdracht weinig met stress te maken heeft, maar laat u daardoor niet van de wijs brengen. Het zal u beslist duidelijk worden. Sla deze opdracht in geen geval over. De uitkomst ervan hebt u later nodig. Mocht u er overigens ondanks alle aanwijzingen niet uitkomen, vul dan in ieder geval de vragen na de tabel in en lees verder.

Stoor ik?

Bert zit op z'n gemak een pakkende thriller te lezen, maar om de haverklap wordt hij uit zijn concentratie gehaald. Telkens gaat de telefoon. En ook al vraagt de beller telkens vriendelijk 'Stoor ik?', het kwaad is al geschied.

Probeer met behulp van de onderstaande aanwijzingen de volgende vragen te beantwoorden:
- Wie belde hoelang over welk onderwerp op?
- Op welke pagina van zijn boek is Bert dan steeds aanbeland?

Aanwijzingen
1. Bert werd onder andere opgebeld met de vraag of hij kwam bridgen. Een later gesprek duurde vier minuten.
2. Het verhaal over de vakantie duurde twee minuten langer dan het gesprek dat plaatsvond toen Bert op pagina 81 was.
3. Bert kreeg een aanbod voor een proefabonnement op een krant. Dat gesprek duurde langer dan toen hij op pagina 72 was.
4. De vraag naar wat Bert van het weekend ging doen, duurde meer dan twee minuten langer dan het gesprek met zijn vriend later op de avond.
5. De laatste keer werd Bert gebeld door een familielid. Dat gesprek duurde niet tien minuten, maar wel langer dan het gesprek bij pagina 90.
6. Een man herinnerde Bert aan de bijeenkomst van de fanfare. Dat gesprek kwam eerder dan dat met Berts zoon en duurde niet zo lang.
7. Direct na het gesprek van twee minuten kwam dat van acht minuten.

		Beller					Onderwerp					Duur				
		Buur	Nicht	Tante	Vriend	Zoon	Bridge	Bijeenkomst	Goed doel	Vakantie	Weekend	2 minuten	4 minuten	6 minuten	8 minuten	10 minuten
Pagina	59															
	72															
	81															
	90															
	103															
Duur	2 minuten															
	4 minuten															
	6 minuten															
	8 minuten															
	10 minuten															
Onderwerp	Bridge															
	Bijeenkomst															
	Goed doel															
	Vakantie															
	Weekend															

Oplossing

Pagina	Beller	Onderwerp	Duur

Vragen

Tot slot een paar korte vragen. Schrijf uw antwoorden eerlijk op. Foute antwoorden bestaan niet.

Wat was uw voornaamste *gevoel* terwijl u deze opdracht maakte. Was u bijvoorbeeld opgewekt en vol goede zin of was u eerder bang dat het u niet zou lukken, of raakte u snel geïrriteerd omdat u er niet uitkwam?

Ik voelde me:

_____

En wat dacht u terwijl u de oefening maakte? 'Leuke opdracht, daar ga ik eens even fijn voor zitten' of gingen uw gedachten eerder in de richting van 'Bah, wat een rotoefening, dat lukt me nooit' of 'Daar begin ik niet aan, wat een onzin'. Schrijf op welke *gedachten* door uw hoofd flitsten.

Ik dacht:

_____

_____

_____

_____

Wat gebeurde er *lichamelijk* met u voor of tijdens deze oefening? Wat kon u aan uw lichaam merken? Kreeg u het bijvoorbeeld warm? Kon u zich niet meer zo goed concentreren? Voelde u zich ontspannen of juist niet?

Lichamelijk gebeurde er het volgende:

_____

_____

_____

_____

Wat deed u? Begon u enthousiast aan de opdracht of pakte u meteen een sigaret, viel u geërgerd uit over de moeilijkheidsgraad of sloeg u de opdracht direct over? Schrijf op wat u *deed*.

Ik deed:

_____

_____

_____

_____

U vraagt zich inmiddels misschien af waarom deze oefening zinvol was. Onze bedoeling was uw spanning tijdelijk wat op te voeren. Het ging dus niet om de oefening zelf, maar om wat deze bij u teweeg bracht. Doordat het een onmogelijke opdracht was, u bewust verkeerde aanwijzingen kreeg en pag. 137 helemaal niet voorkomt in dit boek, raakte u waarschijnlijk geïrriteerd of onzeker. Misschien had u gedachten als: 'Wat een flutboek, heb ik daar mijn geld aan uitgegeven', 'Wat bedoelen ze nou; wat moet ik doen?' of 'Ik snap dit niet.' Wellicht ook brak het zweet u uit, las u driftig verder of vertelde u een ander verontwaardigd over deze 'onzin'.

U bewust worden van uw reacties op dit soort situaties en gebeurtenissen is belangrijk. Hoe eerder u deze signalen herkent, hoe eerder u gericht actie kunt ondernemen.

Wat we bij de opdracht hebben geprobeerd op te roepen, was tijdelijke stress. Eerst was er niks aan de hand en zat u rustig dit boek te lezen en opeens voelt u zich onprettig.
Nog zo'n voorbeeld:

U ligt in bed en wordt wakker van rare geluiden. U schrikt zich wild. 'Een inbreker', denkt u. U maakt uw partner wakker en zegt: 'Ik hoor wat, ga jij eens kijken.' Dat doet hij, en u blijft vol spanning wachten. Licht geïrriteerd keert hij terug: 'Niks aan de hand, het was de wind die hard om het huis waaide.' De spanning ontlaadt zich en u slaapt weer rustig verder.

Of u fietst naar het station, zet uw fiets netjes in het rek en neemt de trein naar uw afspraak. Aan het eind van de dag komt u weer terug en u loopt naar uw fiets. Althans, dat dacht u. Tot uw stomme verbazing staat uw fiets niet op de plek waar u hem hebt achtergelaten. 'Gestolen', denkt u en u baalt verschrikkelijk. U voelt zich machteloos, bent woedend over zoveel onrechtvaardigheid en krijgt de neiging om te gaan stampvoeten. Met argusogen kijkt u om u heen om alsnog de dader in de kraag te grijpen en dan valt uw oog ineens op een fiets die wel erg veel op die van u lijkt. U rent ernaar toe en ja hoor, het is hem. Iemand heeft hem kennelijk om een of andere reden verplaatst. U ontspant zich en fietst weer vrolijk naar huis.

Het lichaam in noodsituaties

In noodsituaties wordt de ene helft van het zenuwstelsel actief terwijl de andere helft wordt onderdrukt. Het actieve deel regelt de waakzaamheid, de opwinding en de mobilisatie. Omdat er behoefte is aan energie worden glucose, eiwitten en vetten uit vetcellen, lever en spieren aangemaakt om als brandstof te dienen voor de spieren. Hartslag, bloeddruk en ademhaling versnellen om voedsel en zuurstof zo snel mogelijk naar plaatsen in het lichaam te vervoeren waar ze het hardst nodig zijn. Het hart levert vijf maal meer vermogen dan in rust en de blaas moet geleegd. Alle lichaamsactiviteiten die even kunnen wachten (zoals spijsvertering, groei) worden stilgelegd. Het denk- en waarnemingsvermogen werkt beter (u hoort en ziet beter en bent alerter). De zenuwuiteinden scheiden adrenaline en noradrenaline af en maken binnen enkele seconden alle vitale organen klaar voor actie.

(Uit: Waarom krijgen zebra's geen maagzweer?, R.M. Sapolsky)

Bij dit soort onverwachte gebeurtenissen ervaart u onmiddellijk stress. Uw reacties zijn vaak heftig. Dat komt doordat er in uw lichaam heel snel van alles gebeurt om direct in actie te kunnen komen. Als u wel eens een bijna-ongeluk hebt meegemaakt, weet u hoe dat werkt. U handelt bliksemsnel: u remt, gooit het stuur om, etc. Onmiddellijk daarna zet u de auto aan de kant en pas dan komen de reacties: uw adem stokt, uw hart gaat bonken, u bent opeens nat van het zweet of begint hevig te trillen. Het zijn duidelijke stressreacties; kort maar hevig.

Hier is op zichzelf weinig verontrustends aan. We kennen dit soort situaties allemaal. Op het moment van 'gevaar' is uw lichaam in opperste staat van paraatheid. Daardoor kunt u snel handelen en, in het geval van een bijna-ongeluk, overleven. Het flight-fight-mechanisme dat in hoofdstuk 1 al aan de orde kwam, treedt in werking en beschermt ons. Na de actie ontlaadt het lichaam zich en volgt de rust.

Soms echter zijn de signalen moeilijker te herkennen. Ze zijn lang niet zo duidelijk en heftig. Je wordt niet van de een op de andere dag overspannen, dat proces verloopt veel langzamer. Mensen die het alsmaar druk, druk, druk hebben, zorgen vaak slecht voor zichzelf. Vreemd genoeg brengen ze hun auto bij het minste geringste rare tikje naar de garage, maar met hun eigen lichaam hebben ze nauwelijks een relatie.
U zult goed moeten leren luisteren naar uw lichaam en zorgen voor voldoende ontspanning. Doet u dat niet, dan kan het punt bereikt worden dat de rek er echt uit is en er iets 'knapt'. Overspannenheid is dan het gevolg.

Het is daarom belangrijk om er voor uzelf achter te komen welke waarschuwingssignalen u vertoont bij ongezonde stress. Zodat u problemen kunt zien aankomen en weet dat het tijd wordt om even gas terug te nemen, om tijd en aandacht aan uzelf te besteden om op een juiste manier met stress om te gaan.
Hieronder staan veelvoorkomende stress-signalen. Natuurlijk is het niet zo dat iemand die last heeft van stress ook al deze signalen vertoont. Dat kan van persoon tot persoon verschillen.

Veelvoorkomende stress-signalen

prikkelbaar	onzeker
hartkloppingen	pijn op de borst
zweten	kortademig
wantrouwig	snauwerig
duizelig	lusteloos
motivatiegebrek	gewichtsverandering
libidoverlies	gejaagd
slapeloosheid	schrikachtig
huilerig	hoofdpijn

schuldgevoel	veel urineren
menstruatiestoornissen	zelfverwijt
achterdochtig	veel roken, eten, drinken
desinteresse	vergeetachtig
sociale isolatie	onrustig
inspiratieloos	concentratieverlies
piekeren	besluiteloos
gedachtenvlucht	chronische tijdnood
moe	spierpijn (nek)
van de hak op de tak springen	tics
onwerkelijk gevoel	beven
angst voor de toekomst	onderpresteren
neerslachtig	nergens zin in hebben
gehaast	gevoelig voor lawaai/geluid
vergeetachtig	ontevreden
medicijngebruik	drugsgebruik

Bijna iedereen die last heeft van stress, ervaart gevoelens van onlust. Een gevoel van 'er klopt iets niet' en 'niet lekker in je vel zitten': 'Ik voel me niet zo goed; het lijkt wel alsof ik een griepje onder de leden heb, maar toch ook weer niet'. Er verandert iets. U ervaart dingen anders dan voorheen.

Sonja: 'Ik weet het niet hoor, het lijkt wel alsof ik me steeds meer erger aan mensen. Gisteren nog viel ik behoorlijk uit tegen mijn man omdat hij geen boodschappen gedaan had. En vervolgens kreeg ik daar weer spijt van en voelde me verdrietig. Het lijkt wel of ik mezelf niet meer helemaal in de hand heb. Vroeger was ik nooit zo opvliegend of huilerig. Maar ik ben ook zo moe en het is de laatste tijd zo druk op m'n werk en als het dan thuis ook niet zo soepeltjes loopt, wordt het me gewoon allemaal wat te veel.'

Vaak merken mensen aan zichzelf dat ze minder kunnen hebben, eerder ontevreden zijn, sneller geïrriteerd raken of zich opwinden of boos worden over zaken waar ze voorheen makkelijker overheen stapten. Ze voelen zich eerder geprikkeld en worden vaak, net als Sonja, wat snauwerig. Veel mensen voelen zich ook vermoeid, ze lopen de hele dag te racen, nemen nauwelijks tijd voor een pauze en 's avonds hangen ze uitgeput voor de tv. De tranen komen vaker en eerder naar boven, niet alleen na meningsverschillen, maar bijvoorbeeld ook bij een sentimentele film.

Arthur: 'Ik voel me de laatste tijd niet zo lekker. Ik slaap slecht al ben ik nog zo moe, lig halve nachten te woelen en te piekeren in m'n bed en sta 's ochtends gammel op. Vroeger sliep ik bij wijze van spreken al als ik m'n kussen zag. Bijna iedere zaterdag heb ik hoofdpijn. Misschien moet ik eens naar de dokter, want m'n maag werkt de laatste tijd ook niet echt mee.'

Ergernis slaat terug op de maag:
hoe een kat een maagzweer kan krijgen

Een experiment. Vredig zit een kat in haar kooi. Op een scherm worden de spijsverteringsbewegingen van haar maag geobserveerd. Dan wordt er een hond voor de kooi geleid. Onmiddellijk staan de haren van de kat overeind. Zij kromt haar rug en begint te blazen. Op het scherm komen de maagbewegingen direct tot stilstand. De hond wordt weer weggehaald en de kat wordt na korte tijd weer rustiger. De maag heeft echter een half uur nodig om het normale spijsverteringsritme weer op te pakken.

Maar wat zou er gebeuren als de hond om de 20 minuten zou verschijnen? De maag kan dan niet meer voor een goede spijsvertering zorgen en een maagzweer ligt voor de hand. Hetzelfde geldt voor de mens. Als spanning vaak voorkomt en niet wordt afgewisseld met ontspanning, hoeft u niet verbaasd te zijn als u maagpijn krijgt.

(Uit: Werken met emotionele intelligentie, B. Ulsamer)

Klachten zoals die van Arthur, horen we vaak. Men heeft last van slapeloosheid of juist meer behoefte aan slaap dan vroeger. Ook libidoverlies, geen of veel minder zin hebben in seks dan vroeger, komt regelmatig voor. Hoofdpijn is een bekend verschijnsel, evenals maag- en darmklachten, variërend van buikpijn, diarree, of een opgeblazen gevoel tot veel naar het toilet moeten.

Marga: 'Ik weet soms van voren niet waar ik van achteren mee bezig ben. Telkens denk ik: als ik deze klus af heb, dan wordt het wel weer wat rustiger, maar dat valt iedere keer vies tegen. En ik merk dat ik me vergis of kleine foutjes maak. Ik ben blij als het weekend is en er geen afspraken op het programma staan. En dat terwijl ik vroeger altijd heel actief was in mijn vrije tijd. Ik kan me ook slechter concentreren. Tot twee maal toe ben ik van de week mijn betaalpas kwijtgeraakt. Gewoon vergeten bij de kassa.'

Concentratieverlies, vergeetachtigheid, dingen kwijtraken, onzorgvuldigheid, het zijn allemaal signalen die kunnen duiden op een verhoogde spanning. Ook het onrustige, opgejaagde gevoel dat uit Marga's woorden spreekt, is een bekend verschijnsel. Mensen gaan vaak steeds harder werken in de hoop dat daarna dan toch die rust komt. Ze nemen werk mee naar huis, maar zelfs als het werk is gedaan, is er nauwelijks sprake van ontspanning. Van sporten komt het niet meer (geen tijd) en het sociale leven komt op een laag pitje te staan. Met als neveneffect dat iemand op het laatst nauwelijks meer contact heeft met anderen.
Sommigen voelen zich ook lusteloos, hebben nergens meer echt zin in. Een gevoel van 'laat mij nou maar'. Het liefst zouden ze het bijltje erbij neergooien. Anderen worden juist

heel druk, ze praten meer en springen vaker van de hak op de tak. Meer roken, eten en drinken zijn ook bekende gevolgen. Mensen weten wel dat ze daar eigenlijk mee zouden moeten stoppen, maar het lukt gewoon niet.

Herkent u enkele signalen? Ga eens bij uzelf na: Wat is bij u toegenomen of nieuw ten opzichte van vroeger, toen u nog geen merkbare last had van stress? Schrijf die signalen voor uzelf op.

_____   _____   _____

_____   _____   _____

_____   _____   _____

Reacties vinden nooit zomaar plaats, er is altijd een aanleiding. Het gaat erom dat u inzicht krijgt in of na welke situatie u de signalen vertoont die voor u kenmerkend zijn. Wat zijn die aanleidingen voor u? Wat gebeurt er dan precies? Welke emotie en welk gedrag vertoont u dan?

Oefening
Neem een van de 'pieken' die u omschreef op pag. 26 in gedachten en beantwoord de volgende vragen:

Wat gebeurde er concreet?
_____
_____

Wat deed u?
_____
_____

Wat deden de anderen?
_____
_____

Wat voelde u?
_____
_____

Wat dacht u?
_____
_____

Hebt u zoiets al eerder meegemaakt?
_____

Door regelmatig uw persoonlijke situaties te omschrijven, komt u erachter welke gebeurtenissen u spanning opleveren. U weet dan waar uw 'zwakke plek' zit. Een gewaarschuwd mens telt voor twee.

Mensen zijn vaak geneigd om de oorzaak van die spanning alleen maar te wijten aan de situatie. Maar dan zou iedereen gespannen zijn in een soortgelijke situatie. We hebben al eerder opgemerkt dat dat niet zo is. In het volgende hoofdstuk zult u zien dat wat u op zo'n moment *denkt* van grote invloed is op hoe u zich *voelt*.

HOOFDSTUK DRIE

Stress? Dat denk je maar...

In dit hoofdstuk zult u zien dat uw manier van denken over de gebeurtenissen die u meemaakt voor een groot deel verantwoordelijk is voor uw reacties daarop en voor de mate waarin u stress ervaart. U leert hoe u daar zelf meer invloed op kunt uitoefenen.

Albert Ellis, een vooraanstaand Amerikaans psycholoog, ontwikkelde zo'n 40 jaar geleden de Rationele Emotieve Therapie. De basis hiervoor werd zo'n tweeduizend jaar geleden gelegd door de oude Griekse filosofen. Zo zei de Griekse wijsgeer Epictetus: 'Het zijn niet de dingen zelf die de mensen bang maken, maar het is de manier waarop ze de dingen bekijken.' Wij kennen deze uitspraak in het gezegde 'De mens lijdt het meest door het lijden dat hij vreest.'
De principes van deze filosofie, namelijk dat mensen voor het grootste deel zelf kunnen bepalen hoezeer zij onder hun problemen gebukt gaan, paste Ellis toe binnen zijn werk als adviseur en psychotherapeut. Hij maakte duidelijk dat wat mensen voelen en doen, wordt bepaald door wat ze denken. Inmiddels wordt zijn methode onder de naam Rationele Effectiviteits Training (RET) op grote schaal toegepast.

> Wilde dieren vluchten voor de gevaren die zij **zien**. Zodra die uit het zicht verdwenen zijn, voelen zij zich veilig. Maar wij piekeren zowel over wat nog moet komen als over wat voorbij is.
> *Seneca*

We denken onszelf in de stress

Mensen bezitten het unieke vermogen te kunnen denken, redeneren. En dat doen we dan ook voortdurend. Wat er ook gebeurt, welke situatie zich ook voordoet, we hebben er een oordeel, een mening over en we hebben er een bepaald gevoel, een bepaalde emotie bij. Als we bij onze gedachten zouden stilstaan, zouden we ons ervan bewust worden dat we meestal denken in eenvoudige zinnen en bewoordingen. Als we denken, praten we in feite tegen onszelf. We voeren in stilte een innerlijke dialoog.

Vaak reageren we zo snel dat het lijkt alsof we er helemaal niet over nagedacht hebben. Dat is echter maar schijn. Onze reacties (dat wat we voelen en doen) worden wel degelijk bepaald door ons denken. Hoe extremer uw standpunt, hoe intenser en heftiger uw gevoelens zullen zijn. Als u het bijvoorbeeld ergens pertinent niet mee eens bent, zult u veel feller reageren dan wanneer de hele kwestie u niet zoveel kan schelen.
Met andere woorden: wat u voelt, wat u doet, hangt af van de wijze waarop u de situatie waardeert en beoordeelt, wat deze voor u betekent.

Dat dit bij mensen kan verschillen ziet u dagelijks om u heen. Een paar voorbeelden:
Een collega maakt fouten waardoor u en een aantal anderen in de problemen komen. U wordt hier bijvoorbeeld kwaad over. Maar wordt iedereen die daarbij betrokken is kwaad?
Uw trein heeft weer eens een flinke vertraging waardoor u veel te laat op uw afspraak komt. U raakt er behoorlijk geïrriteerd door, misschien zelfs witheet. Maar kent u ook mensen die

door zoiets niet, of niet zo heftig uit het lood raken? Vast wel. U zit in uw tuin of ergens op een terras. Het is heerlijk rustig. Plotseling hoort u een geluid; een grasmaaier of mensen die verderop hout voor de open haard aan het zagen zijn. Het blijft maar doorgaan. Uw rust is verstoord en uw goede stemming is volledig verdwenen. U hebt er geen zin meer in en gaat naar binnen of betaalt de rekening en verlaat het terras. Ziet u om u heen mensen die hierop anders reageren? Vertrekken alle mensen om u heen nu uit hun tuinen of van de terrassen?

Als het zo zou zijn dat de situatie onze reactie bepaalt, ons de last, de stress bezorgt, dan zou iedereen in dezelfde situatie hetzelfde reageren en dezelfde gevoelens hebben. Dan werden alle mensen over hetzelfde kwaad, verdrietig, gefrustreerd enz. Maar dat is niet zo. Want ook al zijn de gebeurtenissen, de feiten voor een of meer mensen hetzelfde, hun reactie erop verschilt van persoon tot persoon.
Die verschillen in reacties, in gevoelens en gedrag, worden veroorzaakt door de wijze waarop iemand denkt, door hoe hij of zij de situatie beoordeelt.

Vluchten kan niet meer
Het slechte nieuws dat wij u in dit hoofdstuk brengen, is dan ook dat u anderen of de situatie niet meer de schuld kunt geven van uw ongenoegen, uw stress. Dit betekent wel dat u uw 'kapstokken van ongenoegen' kwijt bent. Dus met uitvluchten of excuses als 'Als die baas nu maar eens opstapte...', 'Als die NS zich nu eens aan de vertrektijden hield...', 'Als hij niet altijd van die idioot hoge eisen stelde...', 'Als zij zich nou eens normaal zou gedragen...', of 'Als ik dat examen nu niet had...' kunt u niet meer aankomen.

Het goede nieuws is echter dat u zélf heel veel kunt doen aan deze gevoelens van ongenoegen, van stress. Het zijn immers uw eigen gedachten/beoordelingen die die gevoelens veroorzaken. Uw gedachten zijn van uzelf en u kunt er dus ook zelf invloed op uitoefenen. Dat gaat niet van de ene op de andere dag. Maar ook u kunt met behulp van de RET-methode uw gedachten zo leren sturen dat u zich minder snel op de kast laat jagen of overmand raakt door emoties. In dit hoofdstuk leert u de stappen die u moet nemen om de RET-methode op uzelf toe te passen en hoe u uzelf kunt trainen in het rationaliseren van gedachten die stress veroorzaken. Veel oefenen is daarbij van groot belang.

Het ABC van de RET

Onze manier van denken is het centrale punt van de RET. Mensen kunnen niet *niet denken*. Vanaf het moment dat taal in ons leven komt en we gaan praten, zo rond het eerst levensjaar, denken we al. Maar taal leidt tot gevoelens en die leiden weer tot handelen, tot doen. Wanneer nu ons denken, onze ideeën en overtuigingen zijn gebaseerd op verkeerde aannames, zullen de gevoelens en handelingen die daaruit voortvloeien vaak problemen en moeilijkheden voor ons opleveren. Binnen de RET spreken we dan van irrationele, ofwel onrealistische gedachten.

Veel van deze irrationele gedachten zijn lang geleden aangeleerd en jarenlang toegepast. Ze zijn zo tot een gewoonte geworden dat er flink wat motivatie en oefening voor nodig is om het irrationele erin te ontdekken en ze om te buigen naar meer rationele gedachten. U kunt echter leren om de onjuistheden in uw denken te herkennen en een realistische visie op uzelf en de omstandigheden te krijgen. Hierdoor kunt u uw stressreacties onder controle houden.

Het achterhalen van uw denkpatronen verloopt volgens een eenvoudig ABC-schema.

Bijvoorbeeld:
Er gebeurt iets, u krijgt kritiek en u reageert daarop door boos te worden en uzelf tegenover die ander te verdedigen. U voelt zich vele uren daarna nog rot en u geeft de gever van deze kritiek de schuld van uw ongenoegen.
Zoals we al eerder zeiden, is het niet het krijgen van kritiek waardoor u boos wordt en in de verdediging schiet. Het zijn uw eigen gedachten over de situatie. Het uitgangspunt bij de RET is dat uw boosheid wordt veroorzaakt door wat er in uw hoofd omgaat als u kritiek krijgt.

In een ABC-schema ziet dat er als volgt uit:

A *Activating event: Situatie/gebeurtenis*
   U krijgt kritiek.
B *Beliefs: Idee of gedachte*
   Uw gedachten over het krijgen van deze kritiek (nog niet bekend).
C *Consequence: Consequentie/gevolg*
   Uw reactie op het krijgen van de kritiek, zowel gevoelsmatig als gedragsmatig. In dit geval boosheid en verdediging.

Het gaat erom dat u leert de B's te achterhalen en het irrationele deel daarin kunt herkennen, want die gedachten zijn verantwoordelijk voor de heftige emoties die u voelt. Vervolgens gaat het erom deze B's te veranderen in meer rationele gedachten, die u minder stress opleveren en u helpen effectiever te functioneren.

> De fout ligt niet in de dingen, maar in onze mentaliteit.
> *Seneca*

Voordat we verder in gaan op hoe u dat aanpakt, volgt eerst een wat uitgebreider voorbeeld van een ABC-schema.

Robert heeft hard gewerkt aan een groot project. Hij voelt zich de laatste tijd niet zo goed en maakt zich om veel dingen nogal druk. Net als hij een aantal zware taken achter de rug heeft en de meeste voorbereidingen voor een project zijn afgerond, stapt zijn baas binnen en vertelt dat dit project niet deugt, dat er allerlei fouten in zitten en dat het zo niet langer kan.
Robert is verbijsterd. Hij voelt langzaam de woede en frustratie in zich opkomen. 'Waarom zegt hij niet eerder dat hij het er niet mee eens is', denkt Robert. 'Wat een klootzak, wekenlang ben ik hier mee bezig en nu opeens is het niet goed genoeg. Wat denkt hij wel om het zomaar van tafel te vegen.' Woest gooit Robert zijn spullen van tafel en hij gaat zijn beklag doen bij zijn collega Huub, die ook aan het project heeft meegewerkt.

Wat gebeurt er nu precies? (Wat is de A, gebeurtenis?)
A De baas van Robert (en Huub) levert kritiek op een project waar Robert intensief en met redelijke tevredenheid aan heeft gewerkt.

Wat voelt Robert en wat doet hij? (Wat is de C, de consequentie, het gevolg?)
C Hij is woedend en verbijsterd. Hij gooit met spullen en gaat klagen bij zijn collega Huub.

Wat denkt Robert? (Wat is de B, de wat zijn Roberts ideeën en gedachten?)

B Robert zegt tegen zichzelf iets als: 'Wat een rotzak is die vent. Ik moet toch al zoveel en het is meer dan verschrikkelijk dat dit er dan ook nog eens bij komt. Ik kan dit echt niet meer hebben. Ik werk toch hard en dat zou hij moeten weten en ook moeten waarderen! Maar nee hoor, alleen maar zeiken. Het is vreselijk onrechtvaardig om mij zo te behandelen. Juist hij zou dat moeten weten als baas... Wat denkt hij eigenlijk wel. Nou, hij bekijkt het maar. Hij doet het zelf maar, als hij zo goed weet hoe het allemaal moet.'
Het is duidelijk dat Robert zijn baas de schuld geeft. Die bezorgt hem dat rotgevoel, denkt hij.

Herkent u soortgelijke reacties bij uzelf? Vindt u ook dat u soms onrechtvaardig wordt behandeld door anderen? Hebt u af en toe ook het gevoel dat iedereen zich tegen u keert? Laten we eens kijken hoe het Huub vergaat in dezelfde situatie (A).

Huub heeft minstens zo hard aan het project gewerkt als Robert. Hij hoort de kritiek van de baas aan en ook hij is even van zijn stuk gebracht. 'Verdorie', denkt hij teleurgesteld, 'dit is wel heel vervelend en zonde van al dat werk. Maar de man is niet gek. Misschien hebben we inderdaad iets over het hoofd gezien en wie weet heeft hij gelijk. We zullen er toch nog eens grondig naar moeten kijken, hoe vervelend dat ook is.'

Wat voelt en doet Huub?
C Huub is flink teleurgesteld en vindt het vervelend dat zijn baas kritiek heeft. Vervolgens gaat hij de projectgegevens onderzoeken om te kijken waar de fouten kunnen zitten.

Wat denkt Huub?

B Zijn gedachten zijn ongeveer: 'Het is knap zuur van al het werk dat al gedaan is, maar de man heeft een enorme schat aan kennis en ervaring. Hij zegt meestal niet zomaar iets. Hij weet net als wij hoe belangrijk dit project is. Ik zal er toch nog eens opnieuw naar kijken, want ik wil wel een goed stuk afleveren.'

Ziet u het verschil in reactie? Ziet u hoe verschillend zij over de situatie denken?
Het is niet zo verwonderlijk dat Robert boos is met de gedachten die hij heeft. Hij zegt tegen zichzelf boosmakende dingen als: 'Dit had niet mogen gebeuren' en 'Dit is verschrikkelijk'. Zijn nare gevoel houdt lang aan en hij komt door zijn extreme (irrationele) gedachten niet tot een effectieve actie. Zijn gedachten zijn irrationeel omdat ze overdreven zijn. Waarom zou zijn baas geen commentaar mogen leveren als hij denkt dat er iets niet in orde is? Het is natuurlijk niet leuk, maar 'verschrikkelijk'? De wereld vergaat toch zeker niet? Mogen mensen soms geen fouten maken? En waar staat geschreven dat anderen daar niets van mogen zeggen? Is het überhaupt mogelijk om nooit een fout te maken?

Huub reageert heel anders. Hij is teleurgesteld, maar lang niet zo overstuur als Robert. Hij zegt veel rationelere en minder extreme dingen tegen zichzelf: 'Dit is allemaal wel heel vervelend en zonde van al dat werk, maar een goed stuk afleveren is belangrijk voor mij en mijn baas heeft misschien wel gelijk.' Hij gaat effectief aan het werk door de plannen nog eens na te kijken.

Het is dus niet de gebeurtenis (A) die u de negatieve gevoelens bezorgt, maar uw oordeel over wat er gebeurde, wat u daarvan vindt, uw gedachten en ideeën (B).
Wellicht ten overvloede: als het de baas of de situatie zou zijn die die negatieve gevoelens had veroorzaakt, dan zouden Robert en Huub hetzelfde gevoeld hebben en wellicht ook hetzelfde hebben gehandeld.

Er zijn veel gebeurtenissen te bedenken die we allemaal wel eens meemaken en waarbij duidelijk waarneembaar is hoe verschillend daarop gereageerd wordt. Denk bijvoorbeeld maar eens aan het krijgen van kritiek, in de file staan, te laat komen op een (belangrijke) afspraak, het voordringen van iemand in een winkel enz.
Deze situaties overkomen u. U kunt ze niet voor zijn en u kunt ze niet veranderen. Het gedrag van anderen hebt u immers niet of nauwelijks in de hand. Het enige wat u in de hand hebt, wat u wel kunt veranderen, is uw persoonlijke reactie op deze gebeurtenissen.

Met dit uitgangspunt in gedachten keren we terug naar het voorbeeld van Robert en Huub, waarbij de A (gebeurtenis) voor beiden hetzelfde was. Als we dit in een ABC-schema zetten, ziet dat er als volgt uit:

ABC van Robert

ABC van Huub

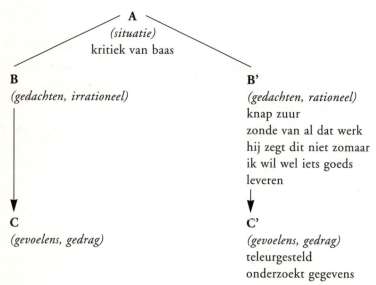

B leidt dus tot C en B' leidt tot C'. Niet de situatie (A) leidt tot gevoelens en gedrag (C/C') maar de gedachten en ideeën over die situatie (B/B').

Robert zet zichzelf op 'het verkeerde been' door in zijn gedachten behoorlijk te overdrijven. Hebt u alle 'moetens' en 'verschrikkelijken' in zijn denktrant opgemerkt? Hebt u gezien dat hij vindt dat het onrechtvaardig is wat er gebeurt en dat zijn baas het recht niet heeft om zo tegen hem te spreken? En hebt u gemerkt dat Huub deze gedachten niet heeft en andere dingen tegen zichzelf zegt?

Mensen komen op hun verkeerde been terecht door irrationeel te denken. De ideeën van Robert zijn daar een goed voorbeeld van. Zo'n irrationele denkwijze zal bij iedereen een soortgelijke boosheid bewerkstelligen.

Als u van uw stress af wilt komen, niet meer zo boos wilt zijn na een bepaalde gebeurtenis, of niet zo over uw toeren wilt raken, zult u uw denkpatronen moeten veranderen. U zult uzelf moeten aanleren om van uw 'verkeerde been', op uw 'goede been' te komen.

Waarschijnlijk zult u het in het begin, net als Robert, moeilijk vinden om te accepteren dat de gedachten en ideeën die u hebt irrationeel zijn. Misschien denkt u dat u onder dezelfde omstandigheden hetzelfde gedacht en gevoeld zou hebben als Robert. Misschien denkt u ook: 'Nou, zo zit ik nu eenmaal in elkaar en daar valt toch niets aan te veranderen.'

Maar door het toepassen van de RET, door te onderzoeken wat de irrationele elementen in uw gedachten zijn, hoe deze worden veroorzaakt en hoe u deze kunt ombuigen naar rationele gedachten, zult u merken dat u wel degelijk veel kunt veranderen. Al zult u er, zeker in het begin, flink wat mee moeten oefenen. Maar u wordt rijkelijk beloond. U doet het voor uzelf, want u zult beduidend minder last hebben van negatieve spanning en stress, en effectiever gedrag vertonen.

Irrationele gedachten

Om uw gedachten te kunnen rationaliseren (om van B naar B' te komen), zult u ze moeten bevragen en ter discussie stellen om zo het irrationele deel te kunnen herkennen en te veranderen. Onze stressverhogende gedachten zijn terug te brengen tot vijf irrationele kernideeën. Als u zich over de kling laat jagen, zijn uw gedachten gebaseerd op een of meer van de volgende ideeën.

Vijf irrationele kernideeën
Idee 1 Overdreven perfectionisme
Ik moet foutloos werken anders ben ik een waardeloos individu.

Idee 2 Verslaving aan liefde
Iedereen moet mij altijd mogen, waarderen, van mij houden, aardig vinden, anders kan ik niet functioneren.

Idee 3 Lage frustratietolerantie
Alles moet gaan zoals ik het wil, zonder al te veel inspanning of tegenslag, anders kan ik er niet tegen, lukt het me nooit.

Idee 4 Rampdenken
Als dit mij overkomt, is dat een absolute ramp; dat overleef ik niet.

Idee 5 Eisen aan de wereld/anderen
Mensen moeten zich houden aan de regels; de wereld/mijn wereld moet rechtvaardig in elkaar zitten.

Op de omschrijvingen die wij hier geven, zijn natuurlijk vele variaties mogelijk. Iedereen gebruikt zo zijn eigen woorden, zijn eigen 'denkjargon'. De volgende zinnen bijvoorbeeld zijn stuk voor stuk tot een van de kernideeën te herleiden. Herkent u er misschien een paar?

1. Wat ben ik toch een stom rund.
2. Dit was absoluut een idioot idee.
3. Ze moeten ook altijd mij hebben.
4. Het gaat nooit eens een keer goed.
5. Wat een verschrikkelijke ...
6. Dit overkomt mij nou ook altijd.
7. Hier kan ik niet tegen.
8. Dit overleef ik niet.
9. Ik moet dit werkstuk perfect afleveren.
10. Ik moet de beste zijn.
11. Ik leer het ook nooit.
12. Het is vreselijk dat ...
13. Ik vind jou eigenlijk niks, maar jij moet mij wel aardig vinden.
14. Dat durf ik niet te zeggen, want dan mag hij me niet meer.
15. Als ik dat zeg/doe, ontslaan ze me.
16. Als dit of dat gebeurt, is alles wat ik heb opgebouwd tevergeefs.
17. Dit gaat nooit goed.
18. Afspraak is afspraak.
19. Hij hoort dat rapport op tijd af te leveren.
20. Hij moet op tijd komen.

Oefening
Probeer bovenstaande zinnen te herleiden tot een (of meer) van de vijf irrationele kernideeën of eisen. De juiste antwoorden vindt u op pagina 70.

Hoe reëel is het allemaal?
Wat u doet bij de RET is uw gedachten toetsen op hun realiteitsgehalte. U gaat in discussie met uzelf en probeert te achterhalen wat het irrationele in uw gedachten is. Hierbij maakt u gebruik van drie soorten vragen:

Vragen naar de feiten
Dit zijn vragen die de werkelijkheid/de feiten onderzoeken. U vraagt zich af: 'Klopt dat wat ik denk met de feiten die mij bekend zijn. Is het nu echt zo?'

Functionele vragen
Met functionele vragen onderzoekt u in hoeverre uw gedachten functioneel zijn. U vraagt zich af: 'Helpt wat ik nu denk mij mijn doel te bereiken? Schiet ik er iets mee op? Is dit het effect dat ik wil?'

Filosofische vragen
Dit zijn vragen over hoe uw (irrationele) ideeën zich verhouden tot uw andere opvattingen over het leven. U vraagt zich af: 'Wat betekent deze gedachte nu precies? Is het wel een logische gedachte?'

Tot nu toe klinkt het misschien nog allemaal wat abstract, maar als we deze drie soorten vragen op elk van de vijf kernideeën loslaten, ziet u dat het irrationele ermee naar boven wordt gehaald.

Idee 1 Overdreven perfectionisme
Ik moet foutloos werken anders ben ik een waardeloos individu.

Vragen naar de feiten
- Kunt u aangeven waar geschreven staat dat u geen fouten mag maken? Hebt u daar zwart op wit bewijsmateriaal voor?
- Is het mogelijk om foutloos te werken?
- Hoe bepaalt u wat fout is? En over hoe fout hebt u het dan, 80% fout, 100% fout?

Functionele vragen
- Gaat u beter functioneren door zo tegen uzelf te praten?
- Voelt u zich met deze gedachte rustig worden?

Filosofische vragen
- Als u fouten maakt, bent u dan als persoon minder waard?
- Wat bepaalt nu eigenlijk de waarde van een mens? Foutloos werken of spelen andere zaken een rol?
- Als een ander fouten maakt, vindt u dan dat hij of zij als mens minder waard is?

Idee 2 Verslaving aan liefde
Iedereen moet mij altijd mogen, waarderen, van mij houden, aardig vinden, anders kan ik niet functioneren.

Vragen naar de feiten
- U bent nu al een tijdje op deze aarde. Heeft iedereen tot nu toe altijd van u gehouden?
- Houdt u zelf van iedereen evenveel?
- U kent vast mensen die u niet aardig vindt of die u niet mogen. Welke concrete nadelen ondervindt u daar nu eigenlijk van?

Kunnen we liefde beïnvloeden?

U kunt wel graag willen dat iedereen u aardig vindt, maar wat u ook doet of hoe u zich ook gedraagt, u verandert niets aan de volgende verhouding:
Van alle mensen die u kent:
- vindt eenderde u aardig
- vindt eenderde u niet aardig
- heeft eenderde geen mening over u of kan het niets schelen wie of wat u bent of doet.

Hoe u dus ook uw best doet, u krijgt nooit van uw leven meer dan die eenderde op één lijn. Mensen die u op dit moment niet aardig vinden of die het niet uitmaakt kunt u met een hoop energie bij de groep proberen te krijgen die u wel aardig vindt, maar de kans is groot dat er dan in die groep 'ouwe getrouwen' mensen opstaan die van mening veranderen en u niet meer zo aardig vinden. Wat u ook doet, de verdeling zal vrijwel hetzelfde blijven.

Functionele vragen
- Gaan er meer mensen van u houden als u deze eis stelt; gaan ze u meer waarderen?
- Gaat u beter functioneren door zo tegen uzelf te praten?
- Heeft de eis dat iedereen van u moet houden nog gevolgen voor uw gedrag? Positief of negatief?

Filosofische vragen
- Waarom moet iedereen u eigenlijk aardig vinden? Eten, drinken en een dak boven uw hoofd zijn fundamentele menselijke behoeften. Is deze eis dat ook?
- Is het met zo veel verschillende mensen met al hun verschillende voorkeuren en gewoonten die ook nog van moment tot moment kunnen verschillen überhaupt mogelijk dat iedereen van u houdt?
- Wat maakt u zo speciaal dat iedereen u aardig moet vinden?
- Sommige mensen mogen u, anderen niet. In hoeverre verandert dit uw leven?

Idee 3 Lage frustratietolerantie
Alles moet gaan zoals ik het wil, zonder al te veel inspanning of tegenslag, anders kan ik er niet tegen, lukt het me nooit,

of doe ik het gewoon niet.

Vragen naar de feiten
- Is dat zo? Wat zijn uw eigen ervaringen hiermee tot nu toe?
- Kent u mensen met andere ervaringen?
- Hoe groot is de kans dat wat u doet altijd zonder inspanning of tegenslag verloopt?
- Kent u mensen met dezelfde mogelijkheden als u die het wel gelukt is?

Functionele vragen
- Als u iets niet doet omdat u tegenslag ondervindt, wat bereikt u er dan mee?
- Als u het wel doet, wat zou u er dan mee kunnen bereiken?

Filosofische vragen
- 'Er niet tegen kunnen' wat betekent dat eigenlijk? Wordt u er soms ziek van? Is het dodelijk?
- Betekent inspanning of tegenslag dat het niemand in de wereld lukt?
- Als u het niet geprobeerd hebt, hoe kunt u dan zeker weten dat het niet lukt?

Idee 4 Rampdenken
Als dit mij overkomt, is dat een absolute ramp; dat overleef ik niet.

Vragen naar de feiten
- Kunt u aangeven wat er dan precies gaat gebeuren?
- Wat is het allerergste dat zou kunnen gebeuren?
- Hoe staat het met de kansberekening? Hoe groot is de kans dat het gebeurt? Hebt u daar bewijzen voor?

De rampenschaal

Het helpt om de rampen die zich in uw hoofd afspelen in een groter verband te plaatsen. Op 100 staat het ergste wat u kan overkomen, bijvoorbeeld overlijden (van uw partner of kinderen), gijzeling, oorlog, ongeneeslijke ziekte. Als u uw eigen 'ramp' een plek op de schaal geeft, blijkt vaak dat uw probleem relatief gezien zo erg niet is en het dus ook niet waard is om u er zo door van streek te laten maken.
Geef uw eigen ramp eens een plaats op deze rampenschaal:

Bijvoorbeeld:
100 overlijden, ziekte, oorlog
-
80 ernstig auto-ongeluk, brand
70 echtscheiding
60 ontslag
50
-
-
- te laat op belangrijke afspraak
10 parkeerboete, file
0

Functionele vragen
- Als u zo denkt, lost dat uw problemen dan op of bent u dan beter in staat die problemen het hoofd te bieden, die van nu en in de toekomst?
- Is deze gedachte voldoende om vervelende gebeurtenissen te voorkomen?

Filosofische vragen
- Hoe verhoudt uw 'ramp' zich op een schaal van 0 tot 100 tot echte rampen zoals aardbevingen, overstromingen, kernexplosies e.d.?
- Kunt u het vervolg voor uw verdere leven aangeven als deze 'ramp' echt zou gebeuren?

Idee 5 Eisen aan de wereld/anderen

Mensen moeten zich houden aan de regels. De wereld/mijn wereld moet rechtvaardig in elkaar zitten.

Vragen naar de feiten
- Welke regel wordt hier dan overtreden?
- Kunt u aangeven wie deze regel heeft opgesteld?

- Zijn er nog meer regels die voor de hele wereld gelden?
- Kent u mensen die andere regels naleven?
- Is iedereen altijd rechtvaardig?

Functionele vragen
- Gaan anderen zich anders gedragen doordat u dit eist?
- Verbetert de wereld omdat u dit eist? Dat moet u toch een goed gevoel geven?

Filosofische vragen
- Waarom zouden anderen zich anders moeten gedragen alleen omdat u dat graag wilt?
- Bent u de nieuwe hervormer van de wereld die het gedrag van anderen kan bepalen?
- Er bestaan natuurlijk regels, maar is het zo dat iedereen zich daaraan houdt? Waarom zitten bijvoorbeeld de gevangenissen dan zo vol? Er is toch een wetboek van strafrecht?
- Als iedereen zich aan alle gestelde regels zou houden, zijn er dan regels nodig?

We gaan nu terug naar het voorbeeld van Robert. Hij denkt in termen van 'Wat denkt-ie wel, wat een rotzak om het project af te keuren', 'Dit mag niet gebeuren, dit is verschrikkelijk', etc. Goed beschouwd komt wat Robert tegen zichzelf zegt overeen met idee 5: Mensen moeten zich houden aan de regels, de wereld/mijn wereld moet rechtvaardig in elkaar zitten.

Als Robert zijn gedachten nader gaat onderzoeken, kan zijn innerlijke dialoog de volgende vragen inhouden:
- Wie heeft deze regel eigenlijk gesteld? Is er een regel die zegt dat mijn baas mijn project niet mag afkeuren?

- En als er al regels bestaan, betekent dat dan ook dat iedereen zich daar automatisch aan houdt?
- Verandert er iets aan mijn baas alleen omdat ik eis dat dit gebeurt?
- Als ik dit [wat een rotzak, verschrikkelijk etc.] tegen mezelf zeg, helpt dat me dan om op een constructieve manier naar het project te kijken en er verbeteringen in aan te brengen?

Al deze vragen zijn goed om hem te overtuigen van het irrationele in zijn gedachtengang. Als hij een van deze vragen met 'nee' kan beantwoorden of in het geheel niet beantwoorden kan, heeft hij zijn irrationele gedachte te pakken.

Vervolgens is het zaak om die irrationele gedachten te veranderen in rationele gedachten. We nemen als voorbeeld een van de gedachten uit het rijtje op pag. 53:
'Ik moet dit werkstuk perfect afleveren....'
Hier zit natuurlijk idee 1 achter (overdreven perfectionisme). Het zou natuurlijk prachtig zijn als iedereen foutloos werk zou afleveren, maar zo'n eis aan uzelf stellen is verre van reëel. Het irrationele zit 'm in dat 'moeten', en in de veronderstelling dat als uw werk niet perfect is, u als mens minder waard zou zijn. Niets is natuurlijk minder waar. En bovendien zal deze irrationele gedachte eerder uw zelfvertrouwen aantasten dan dat het u helpt geconcentreerd te streven naar het afleveren van een goed stuk. Het is immers nooit goed genoeg.
Het is productiever om te denken: 'Ik wil graag een goed stuk afleveren. Daar doe ik mijn uiterste best voor, maar meer dan dat kan ik niet doen.'

Achter de zin *'Ik moet dit werkstuk perfect afleveren....'* kan ook idee 4 (rampdenken) schuilgaan: 'Als dit niet goed is, is dat vreselijk, rampzalig, misschien krijg ik dan een uitbrander of erger nog, word ik ontslagen'. Ook deze gedachte zit vol met irrationele ideeën. Hoe vaak is een collega van u ontslagen omdat hij of zij een fout maakte? Bent u door deze gedachte beter in staat goed werk af te leveren? Het is veel efficiënter en het levert u minder stress op als u na het maken van fouten tegen uzelf zegt: 'Het is erg jammer dat ik fouten gemaakt hebt, maar dat is menselijk. Ik ga na wat ik hiervan kan leren en hoe ik dergelijke fouten in de toekomst kan voorkomen.'

Oefening
Analyseer de volgende zinnen/uitspraken op de irrationele gedachten die erachter zitten. Probeer deze om te buigen naar rationele, meer productieve gedachten. Ga na welk idee erachter zit en stel vragen naar de feiten, functionele en filosofische vragen.

1. Dat durf ik niet te zeggen, want dan mag hij me niet meer.
2. Afspraak is afspraak.
3. Als dit gebeurt, is alles wat ik tot nu toe heb opgebouwd tevergeefs.
4. Dit overkomt mij nu ook altijd.

U hebt inmiddels wellicht gemerkt dat gedachten die stress opleveren vaak te herkennen zijn aan woorden als: 'verschrikkelijk', 'vreselijk', 'behoren' en 'moeten'.
Al die 'verschrikkelijken' en 'vreselijken' zijn irreële waardeoordelen. Ze zijn overdreven en extreem. Achter elk 'verschrikkelijk' en 'vreselijk' zit een onrealistische overdrijving. Als u tegen uzelf wanhopig zegt 'Dit is verschrikkelijk, vreselijk, dit overleef ik niet', is het alsof er een ramp plaatsvindt in plaats van een teleurstellende gebeurtenis. U maakt

de dingen erger dan ze zijn. In werkelijkheid is iets waarschijnlijk vervelend, erg jammer of zeer ongemakkelijk, maar geen ramp.

> **Gezonde en ongezonde emoties**
>
> Albert Ellis, de grondlegger van de RET, maakt naast rationele en irrationele gedachten ook onderscheid tussen 'gezonde' en 'ongezonde' emoties. U moet zich daarbij realiseren dat gezonde emoties zowel prettig als onprettig kunnen zijn (bijvoorbeeld verliefdheid versus verveling). Het grote verschil is dat gezonde emoties, ook al zijn ze onprettig, u in beweging kunnen brengen. Ze zetten u aan tot actie, tot het bewerkstelligen van veranderingen. Ongezonde emoties daarentegen maken u apatisch en hebben vaak een verlammende uitwerking. Ze blokkeren elke actie tot verandering en verhogen uw gevoel van stress.
> Als we de gezonde onprettige emoties tegenover de ongezonde plaatsen, krijgen we het volgende rijtje:
>
> | Gezonde emoties | Ongezonde emoties |
> |---|---|
> | bezorgd | paniek, angst |
> | verdriet, bedroefd | depressie |
> | spijt | schuldgevoel, schaamte |
> | frustratie | woede |
> | teleurstelling | wanhoop |
>
> U voelt het waarschijnlijk al aankomen: gezonde emoties zijn een gevolg van rationeel denken; ongezonde emoties komen voort uit een irrationele manier van denken. Er zitten vaak allerlei eisende gedachten en rampfantasieën achter. Als u de ongezonde door gezonde emoties wilt vervangen, zult u uw manier van denken moeten veranderen.
>
> *(Uit: RET tegen stress, J. Verhulst)*

Bij 'behoren' en 'moeten' is sprake van absolute waardebepalingen. Zo absoluut dat het niet meer reëel is. Gedachtengangen met 'behoren' bevatten vaak onrealistische eisen.

En bij 'moeten' is vaak sprake van verlangens die vertaald zijn in eisen. Er is niks mis mee om iets graag te 'willen'. Maar als u 'moeten' gebruikt, EIST u eigenlijk dat iets gebeurt op UW manier. En als dat dan niet het geval is, voelt u zich naar, teleurgesteld, verongelijkt of boos.

Het irrationele zit in de overdrijving, in het stellen van onmogelijke eisen, in de hoge normen en waarden die u hanteert, voor uzelf (ik mag geen fouten maken, ik moet alles perfect doen) en voor de mensen om u heen (hij mag dat niet doen, hij behoort...).

Uw gedachten worden rationeler en uw emoties minder ongezond door het 'eiserige', het 'moeten' eruit te halen. Als u uw verlangens formuleert als een wens, als iets wat u graag wilt, en niet als iets wat per se *moet* gebeuren, voelt het al heel anders aan. Het is dan immers een stuk minder vreselijk of rampzalig als het niet gebeurt.

Dus niet:	**Maar:**
Ik moet foutloos werken, anders...	Ik wil graag zo min mogelijk fouten maken, maar fouten maken is menselijk, en dus niet te voorkomen, ook al doe ik nog zo mijn best. Als ik desondanks fouten maak, kan ik beter kijken wat ik ervan kan leren en of ik dat in de toekomst kan voorkomen.

Iedereen moet mij aardig vinden, anders...	Het zou leuk zijn als mensen me aardig vinden en me waarderen om wie ik ben, maar het is geen ramp als sommigen mij niet mogen. Ik vind tenslotte ook niet iedereen even aardig.
Alles moet gaan zoals ik het wil, anders...	Het is natuurlijk prettig als dingen die ik doe in één keer goed gaan, zonder tegenslagen, maar in de praktijk moeten vaak de nodige hobbels genomen worden. Dat is nu eenmaal zo en het helpt weinig om daar boos over te worden. Ik kan mijn energie beter besteden aan het vinden van (alternatieve) oplossingen.
Als dit mij overkomt, is dat rampzalig, dat overleef ik niet	Dit is een hele nare, zure, vervelende gebeurtenis, maar rampzalig, vreselijk is wel wat erg overdreven. Er zijn ergere dingen die kunnen gebeuren. In het ergste geval heeft dit tot gevolg dat ... en dat overleef ik dan ook wel weer.
Mensen moeten zich houden aan mijn regels; de wereld moet rechtvaardig in elkaar zitten	Ik zou graag willen dat iedereen er dezelfde normen en waarden op nahield als ik, maar ik snap ook wel dat dat lang niet altijd het geval is en mensen soms anders over dingen denken. Daar kan ik weinig aan veranderen.

Oefening in RET

Nu wordt het tijd dat u zelf met de RET aan de slag gaat. Pak nu nog eens uw situatie uit de laatste oefening van hoofdstuk 2 (het schema op pag. 39-40) erbij. Wat dacht u toen? Wat was uw B?

Uw gedachten bestaan vaak uit een of meer zinnen.
Misschien bevatten ze (elementen van) de voorbeeldzinnen op pag. 53.
Om uw gedachten terug te halen, doet u er goed aan om ook u uw emoties, dat wat u voelde, terug te halen. Als u zich boos voelde, zult u ook boze gedachten gehad hebben. Als u zich angstig voelde, zult u gedachten hebben gehad die met rampen of naderend onheil te maken hebben. Als u zich onevenwichtig voelde, zult u de dingen erg moeilijk hebben gevonden, hebt u ergens erg tegenop gezien.

Schrijf nog eens op wat u toen dacht.
Ik dacht (in uw eigen woorden):

_____

_____

_____

_____

_____

_____

Ga nu na welke gedachte bij u het meest dat gevoel van boosheid, angst of verdriet opriep. Het is van belang om die gedachte boven tafel te krijgen die het meest verantwoordelijk is voor uw negatieve, ongezonde emotie (C). Kijk of u uw gedachte kunt herleiden tot een van de vijf irrationele kernideeën.

Deze gedachte gaat u ter discussie stellen en op realiteitsgehalte bevragen. U gaat op zoek naar het irrationele erin (de 'moetens' en de 'verschrikkelijken').
U begint eenvoudig met de vraag: Waarom? Hoezo? Waarom is iets zo verschrikkelijk? Waar is het bewijs? Naar alle waarschijnlijkheid is het niet leuk, maar waarom is het zo vreselijk?
Waarom zou iets per se moeten of horen? Wie zegt dat? Iets graag willen is prima, maar waarom zou het moeten zijn zoals ik dat wil?

Meest voorkomende ongezonde emoties bij irrationele kernideeëen

Irrationeel kernidee	Ongezonde emotie
Overdreven perfectionisme	angst, woede, schuld
Verslaving aan liefde	angst, schuld
Lage frustratietolerantie	woede, angst
Rampdenken	angst
Eisen aan de wereld/anderen	woede

Bedenk ook hoe u zich zou willen voelen en wat u zou willen doen (C'). Houd datgene wat u zou willen wel realistisch. Dat wil zeggen: als u zich ongelukkig voelt, is het niet reëel om ineens dolgelukkig te willen zijn. Die stap is te groot. Net als de stap van boos naar relaxed. Daarvoor moet u een paar tussenstappen maken. Het gaat erom dat u uw ongezonde, blokkerende emotie om weet te zetten in een gezonde emotie, ook al is die misschien onprettig. Als uw partner u verlaat bijvoorbeeld, hebt u alle reden om verdrietig en bedroefd te zijn. Dat is gezond, dat helpt u zelfs bij het verwerken, maar als u erdoor in een depressie raakt en denkt dat u deze klap nooit meer te boven zult komen, bent u irrationeel bezig. Als de zaken niet lopen zoals u wilt, mag u zich best gefrustreerd of teleurgesteld voelen, maar doorschieten in wanhoop of woede is te veel van het goede. Daar bezorgt u alleen uzelf een hoop last mee.

De Rationele Effectiviteitstraining wordt nogal eens verward met positief denken, maar daar heeft de RET niets mee te maken. Het is niet de bedoeling dat u als u iets vervelends meemaakt, gaat lopen roepen dat het toch allemaal zo geweldig is. Waar het bij de RET om gaat, is dat u uw realiteitszin vergroot, en de dingen niet nodeloos erger maakt dan ze zijn. Ontslag krijgen, ruzie hebben, te laat komen, enz. zijn gebeurtenissen die we het hoofd moeten bieden of waar we een oplossing voor moeten bedenken. Irrationeel denken maakt de zaak erger dan ze in werkelijkheid is door de overdrijving die erachter schuilt, de hoge eisen die u stelt. Het brengt u vaak verder weg van de oplossing. Rationeel denken daarentegen bewerkstelligt minder heftige emoties (stress) en brengt u eerder bij de oplossing. Immers, als u uw emoties kunt sturen, kunt u ook uw gedrag beïnvloeden en bent u beter in staat daadwerkelijk aan een oplossing te werken.

Maak nu de oefening compleet. Vul uw persoonlijk ABC-schema in. Links de irrationele gedachten, rechts de rationele.

Uw ABC

```
                    A
                (situatie)
      ┌─────────────┴─────────────┐
      B                           B'
(gedachten, irrationeel)    (gedachten, rationeel)
```

_____   _____

_____   _____

_____   _____

         ↓   ↓

C   **C'**
(gevoelens, gedrag)   *(gevoelens, gedrag)*

_____   _____

_____   _____

_____   _____

_____   _____

Het blijkt voor de meeste mensen een verrassing om telkens weer te ontdekken dat er zo ontzettend veel gedachten in hun hoofd zitten die geen feiten zijn, maar veronderstellingen. Gedachten als 'Ze moeten ook altijd mij hebben' of 'Hij behoort op tijd te komen' zijn geen feiten maar irrationele ideeën. Het is belangrijk dit te constateren, want feiten kunt u niet veranderen, maar veronderstellingen/irrationele ideeën wel. Door het ter discussie stellen, bevragen, uitdagen van uw irrationele gedachten kunt u ze veranderen waardoor u zich beter voelt en prettiger en effectiever functioneert.

Zeker in het begin is het goed om elke dag, of telkens wanneer zich een situatie voordoet die u spanning bezorgt, voor uzelf een ABC-schema te maken. Het is dan ook handig om altijd een notitieblokje bij de hand te hebben waarin u uw persoonlijke ABC-schema's op papier uitwerkt en uw ervaringen noteert.

Veel oefenen met de RET is dé manier om u de methode eigen te maken en een blijvende verandering te bewerkstelligen.

Notitieboekje
Een pagina uit zo'n notitieboekje kan er bijvoorbeeld als volgt uitzien:

Zelfonderzoek stresssituatie

A: situatieschets
Hans, een van mijn medewerkers, heeft een nota geschreven van slechte kwaliteit. De nota staat vol met onjuistheden en onvolledigheden. Ik heb deze fouten zojuist ontdekt.

C: emotie	*lichamelijke verschijnselen*	*gedrag*
razernij	Ik krijg het warm, en voel een druk in mijn maagstreek	Ik maak hem verwijten en ga zelf de correcties en aanvullingen maken

B: gedachten
Hij doet ook nooit iets goed, kan ik die rotzooi van hem weer opknappen etc.

B': gedachten, rationeel
Het is vervelend dat er zoveel fouten in die nota zitten. Dit is geen goede beurt van Hans, maar fouten maken is menselijk. Ik kan hem beter vertellen wat eraan schort, zodat hij er nog van kan leren en het de volgende keer beter gaat.

> *C': hoe wil ik me voelen en gedragen*
> Ik wil hier niet zo van over mijn toeren raken, maar gewoon teleurgesteld zijn.
> Ik wil rustig naar hem toe kunnen stappen en zeggen: 'Ik ben niet tevreden over dit stuk. Dit en dit schort eraan. Ik zou graag willen dat je er nog eens naar kijkt en de onjuistheden en onvolledigheden eruit haalt.'

U zult zien dat u na verloop van tijd steeds minder last krijgt van stressgevoelens, eenvoudigweg omdat u niet meer zo snel in de valkuil van uw irrationele gedachten stapt. Langzaam maar zeker gaat u minder overdrijven in uw denken, en dat werkt!

Oplossing van de oefening op pag. 54.

Nr.	Te herleiden tot:	Nr.	Te herleiden tot:
1	idee 1	11	idee 3
2	idee 3	12	idee 4
3	idee 5	13	idee 2
4	idee 3	14	idee 2
5	idee 4	15	idee 4
6	idee 3	16	idee 4
7	idee 3/5	17	idee 1
8	idee 4	18	idee 5
9	idee 1	19	idee 5
10	idee 1	20	idee 5

HOOFDSTUK VIER

De kracht van verbeelding

Dat verbeelding krachtig kan zijn en voor een groot deel kan bepalen hoe we ons voelen en gedragen, zal u inmiddels niet meer vreemd in de oren klinken. Uw verbeeldingskracht en alle bijbehorende rampfantasieën zorgden er immers voor dat u last kreeg van angst en spanning.
Helemaal nieuw is verbeelding voor u dus niet. Al die tijd dat u nu al op deze planeet doorbrengt, hebt u zich met het verbeelden van de voor u moeilijke of stressvolle situaties beziggehouden. U weet maar al te goed hoe u zich dan voelt en gedraagt! U hebt er als het ware al kleine 'filmpjes' van in uw hoofd en beleeft die lastige situaties steeds weer opnieuw, elke keer als u eraan terugdenkt. U bent dus getraind in het 'verbeelden', zij het dat die verbeelding tot nu toe vooral ontaardde in rampscenario's en andere stressverhogende, ineffectieve gedachtengangen.
Verbeelding kan echter ook positief werken. Met behulp van de Rationele Emotieve Imaginatie (REI) kunt u leren om u een beeld te vormen van wat u in een bepaalde lastige situatie eigenlijk had willen voelen en had willen doen; wat in zo'n geval een effectieve reactie is.

Niet iedereen vindt dat eenvoudig. Meestal verbeelden we ons dat wat we van onszelf gewend zijn. Maar dat is, zoals u in het vorige hoofdstuk hebt gelezen, vaak gedrag dat voortkomt uit een irrationele manier van denken en het geeft ons meestal geen prettig gevoel. Die verbeeldingskracht kunt u echter ook op een positieve manier aanwenden. In plaats van u allerlei rampen voor te stellen, kunt u zich ook verbeelden dat de situatie in kwestie op een heel andere manier verloopt; dat het ook mogelijk is om niet kwaad of bang te worden in situaties waarin u dat nu wel bent.

Als u daarin slaagt, zult u merken dat u zich daardoor ook anders gaat voelen. Wanneer u dan achteraf nagaat hoe dat is gekomen, wat u dan 'onbewust' tegen uzelf gezegd hebt om u de situatie anders voor te stellen, zal blijken dat u uw gedachten hebt veranderd naar meer rationele, rustigmakende gedachten. Het principe bij de REI is hetzelfde als bij de RET, alleen de weg ernaartoe verschilt. Het is een andere methode om irrationele denkpatronen bij uzelf te veranderen. Een voorbeeld:

Anne heeft het erg druk met haar studie. Ze is erg moe en tot overmaat van ramp krijgt ze ruzie met haar vader. Meestal gaat ze na zo'n ruzie zitten tobben en maakt ze zich opnieuw druk. Dit keer past ze de REI toe. Ze sluit haar ogen en haalt zich de situatie met haar vader weer scherp voor de geest. Ze stelt zich voor dat ze minder gespannen op de situatie reageert. Ze verbeeldt zich dat ze niet gaat lopen tobben, maar dat ze de ruzie van zich af kan zetten en weer geconcentreerd aan haar studie kan werken.

Het duurt even, maar na korte tijd voelt ze de spanning verminderen. Dan doet ze haar ogen weer open en probeert te achterhalen met welke gedachten het haar gelukt is om die spanning te verminderen.

Ze stelt vast dat ze, zonder zich daar bewust van te zijn, in gedachten het volgende tegen zichzelf gezegd heeft: 'Wat zit ik nu toch weer te tobben. Ik word er alleen maar chagrijniger van en dat weerhoudt me er ook nog van om mijn werk af te krijgen. En al wil ik mijn vader nog zo graag veranderen, dat zal toch niet lukken. Het enige wat ik kan doen, is er snel op terugkomen en mijn standpunt nog een keer uitleggen. Ik doe gewoon wat ik kan en we komen er wel weer uit.' Anne schrijft deze zinnen op en herhaalt ze een periode lang enkele malen per dag.

Dit is een voorbeeld van hoe iemand zich met behulp van verbeelding rustigmakende, rationele gedachten eigen kan maken. Ook ú kunt uzelf trainen in positieve verbeelding. U kunt uw verbeeldingskracht die u lange tijd last heeft bezorgd, aanwenden ten gunste van uzelf. Ook hier geldt weer: veel oefenen is het enige dat werkt.

De REI in vier stappen

Lees deze oefening eerst rustig door. Sluit dan voor u aan de oefening begint uw ogen, zodat u zich zo goed mogelijk kunt concentreren.

Stap 1
Haal een vervelende situatie (A) weer terug in uw herinnering. Beleef deze situatie in gedachten weer zo sterk mogelijk met alle heftige negatieve gevoelens die erbij hoorden, dus net zo moeilijk, lastig of beangstigend als u de situatie toen ervaren hebt. Zie uzelf en de personen die erbij betrokken waren weer hetzelfde gedrag vertonen (C).
U beleeft de gebeurtenis als het ware opnieuw. Als het om iets gaat waarvan u denkt dat het gaat gebeuren, beeld u dan de situatie die u zo angstig of onzeker maakt, zo sterk mogelijk in.

Stap 2
Nu probeert u die sterke emoties af te zwakken. U stelt zich voor dat u, ondanks het feit dat de situatie niet verandert,

minder intense gevoelens krijgt en dat u zich gedraagt zoals u zich zou willen gedragen (C'). Dat duurt misschien even, maar u zult merken dat het kan en dat uw gevoel verandert.

Stap 3
Als dit gelukt is, opent u uw ogen en gaat u na wat u (onbewust) tegen uzelf gezegd hebt. U probeert te achterhalen door welke gedachten u die emotionele intensiteit bent kwijtgeraakt. U zult ontdekken dat u andere dingen tegen uzelf hebt gezegd. U hebt uw irrationele gedachten veranderd in aanvaardbare rationele gedachten. Waarschijnlijk zijn de eisen, de 'moetens' veranderd in wensen, en 'vreselijken' en 'verschrikkelijken' in 'erg, zuur, niet makkelijk'.

Stap 4
Schrijf de gedachten die u geholpen hebben op in uw notitieboekje en lees ze enkele malen per dag door. Zo maakt u de oefening minder vrijblijvend en leert u er het meeste van. Bovendien zijn het voor u zeer belangrijke gedachten om te noteren, want ze 'werken' voor u, ze helpen u uw spanning te verminderen.

Net als bij het maken van RET-analyses geldt voor de REI dat veel oefenen en regelmatig herhalen, liefst elke dag, het beste werkt. Het kost u relatief gezien niet veel tijd en de effecten zijn groot. Zomaar eens een keer een ABC-analyse maken of tegen uzelf zeggen dat u niet zo irrationeel moet denken, is onvoldoende om vastgeroeste denkpatronen te veranderen.

De uitdaging

Tot slot dagen wij u uit de volgende risico-oefening te doen. Spanning en stress komen voor een groot deel voort uit het feit dat we opzien tegen 'dingen' die zouden kunnen gebeuren. Inmiddels is duidelijk dat we die angst en vrees voor een groot deel zelf creëren. Daardoor doen we dingen niet, die we misschien wel eens zouden willen doen. En ook dat kan weer de nodige onvrede of schuldgevoelens opleveren.
Wij kunnen u wel vertellen dat het gevreesde risico in de praktijk vaak erg meevalt, maar de beste manier om daarvan overtuigd te raken, is natuurlijk om dit zelf in de praktijk te ervaren.

Risico-oefening

- Lees de onderstaande uitdagende, 'risicovolle' opdrachten door en kies er een of meer uit die u erg moeilijk of zelfs 'vreselijk' lijken. De angst die u bekruipt alleen al bij de gedachte dit te gaan doen, kunt u met behulp van de RET of REI reduceren.
Er staan ongetwijfeld opdrachten bij waar u geen moeite mee hebt of waar u niet tegenop ziet. Die kiest u uiteraard niet!

- Hebt u uw keuze gemaakt, plan dan een datum en tijdstip waarop u de opdracht gaat uitvoeren. Houd u daaraan. De ervaring die u na afloop zult hebben, zal beslist anders zijn dan de ideeën die u hier vooraf over had.

Het werkt extra stimulerend om een collega, vriend(in) of partner van uw plannen op de hoogte te stellen. Die kan u (indien mogelijk) ook vergezellen bij de uitvoering. U kunt na afloop de oefening dan met hem of haar nabespreken; zijn of haar commentaar kan heel verhelderend zijn.

Let wel: het is beslist niet de bedoeling dat anderen (of degene die met u 'meedoet') van tevoren weten dat het om een oefening gaat en het dus 'niet echt' zou zijn.

Uitdagende, 'risicovolle' opdrachten
Kies een of meer van de volgende opdrachten en voer deze de komende week uit.

1. Als u de komende dagen ergens een afspraak hebt, kom dan met opzet te laat en verontschuldig u niet.
2. Als u deze week de kans krijgt, kruip dan voor bij deuren, laat anderen niet voorgaan en hou geen deuren open voor anderen.
3. Vraag aan iemand die u vertrouwt wat hij/zij van u vindt. Laat u niet met een half woord afschepen.
4. Ga in de komende dagen twee kopjes koffie drinken in een café in uw woonplaats. Als u moet afrekenen, vraagt u eerst om het totaalbedrag en daarna om de prijs van een kopje koffie.
5. Ga iets kopen dat gewogen moet worden en zorg ervoor dat u precies krijgt wat u hebt gevraagd. Geen gram meer of minder. Laat het eventueel opnieuw wegen.
6. Koop iets en ga dit een paar dagen later ruilen of terugbrengen.
7. Begin in een bus, trein of op straat een gesprek met een vreemde.
8. Maak in gezelschap bewust fouten.
9. Vraag iemand om de uitleg van een woord, ook al kent u dat woord wel.

10. Geef welgemeende complimenten. Niet alleen aan bekenden maar ook aan bijvoorbeeld een kelner, winkelpersoneel, etc.
15. Ga schoenen passen, minstens tien paar. Koop echter niets en verontschuldig u niet.
16. Spreek een vreemde aan en zeg dat u hem/haar nog van vroeger kent.

17. Vraag aan een willekeurige voorbijganger waar zij/hij die mooie shawl, pet, hoed etc. gekocht heeft.
18. Geef het eten in een restaurant terug en vertel dat u het niet goed vind en een compleet ander menu wilt hebben.
19. Als er in de buurt veel herrie is omdat er bijvoorbeeld een feestje wordt gegeven, stap er dan op af en vertel dat u daar last van hebt en dat de herriemakers moeten stoppen.
20. Als u met uw auto voor een rood stoplicht staat en het springt op groen, zet dan de motor af. Stap uit uw auto en zeg tegen de achter u wachtende automobilisten dat u uw auto niet meer gestart krijgt.

21. Persoonlijke keuze: Bedenk zelf iets wat u moeilijk vindt of vreest.

_____

_____

_____

Na afloop gaat u in elk geval na:
- Gebeurde datgene waar u zo bang voor was?
- Klopten uw gedachten over het verloop van de situatie? Wat wel/niet?
- Vraag, indien mogelijk, enige tijd later commentaar aan betrokkenen. 'Wat vond je ervan toen ik dat tegen je zei/toen ik me niet verontschuldigde?', 'Dacht jij nou wat ik dacht dat jij zou denken?'

> Niet willen is de reden, niet kunnen het voorwendsel.
> *Seneca*

In de praktijk blijkt dat als u dit soort 'risico's' daadwerkelijk hebt genomen, u dat als een 'overwinning' zult ervaren, hoe moeilijk het ook leek of was. Andere lastige situaties zullen u in de toekomst dan ook minder angstig maken; u zult er minder tegenop zien.

HOOFDSTUK VIJF

De kunst van het ontspannen

Met de RET werkt u aan gedachten die spanning veroorzaken. Daarmee pakt u de belangrijkste oorzaak van uw stress aan. Maar wie gespannen is, heeft ook vaak last van spanning in zijn lichaam. En die neemt meestal toe naarmate u meer stress ervaart. Uw armen, nek, schouders en benen zijn vaak zeer gespannen, zonder dat u dat merkt. U bent de hele dag ingespannen bezig aan een stuk tekst en ongemerkt verkrampen de spieren van uw hoofd zich, waardoor u 's avonds hoofdpijn hebt. Of u moet iets doen waar u zo onzeker en bang voor bent, dat u er misselijk van wordt, en echt niet omdat u iets verkeerds hebt gegeten.

Op die momenten is het handig als u over bepaalde technieken beschikt waarmee u direct actie kunt ondernemen om die voelbare spanning in korte tijd te verminderen.
Natuurlijk werkt sporten, houthakken, in de tuin spitten, etc. voor veel mensen goed tegen stress. Het zijn echter activiteiten die u niet tijdens die stressvolle situatie kunt doen en bovendien niet op elk moment van de dag. Als u bijvoorbeeld uw spanning kunt ontladen door hard te lopen, is dat op zich heel prettig maar op uw werk hebt u daar weinig aan. U kunt moeilijk na een conflict met uw baas een half uurtje gaan rennen.
In zo'n geval is het goed als u zich op het moment zelf direct lichamelijk kunt ontspannen. De ontspanningsoefening hierna kunt u na enige oefening overal en op ieder moment toepassen. Bijvoor-

> Ontspanning heeft geen zin, als ze niet uit jezelf komt.
> *Goethe, Faust 1*

beeld vlak voordat u voor een moeilijke opgave staat waar u zenuwachtig voor bent of na een conflict waar u boos over bent. Of gewoon als u merkt dat u stress-signalen krijgt, hoofdpijn voelt opkomen, pijn in uw maag krijgt of misselijk wordt (van spanning).

Ontspanningsoefening

Deze ontspanningsoefening kunt u in het begin het best liggend doen. Als u de techniek beheerst, kunt u de oefening ook zittend of staand doen. De plaats of situatie waarin u zich bevindt maakt dan niet meer uit.

De oefening is erop gebaseerd dat u telkens een bepaalde spiergroep stevig aanspant en daarna weer loslaat. Zo leert u het verschil ervaren tussen ongewenste spanning en gewenste ontspanning.

Instructie
Ga zo ontspannen mogelijk op de grond (of uw bed) liggen. Uw armen legt u losjes langs uw lichaam en uw benen naast elkaar, ongeveer 5 cm uit elkaar. Kijk naar het plafond en concentreer u op een punt iets boven ooghoogte.
Tijdens de oefening sluit u uw ogen, maar na de oefening keert u naar ditzelfde punt terug.
U gaat u zo dadelijk concentreren op diverse spiergroepen. U gaat deze aanspannen en weer loslaten. Dat aanspannen voert u op tot een maximum en u houdt die spanning zo'n 15 seconden vast. Dat kan soms pijn doen, trillingen veroorzaken of u kunt het er warm van krijgen. Dat is normaal.
Op het moment dat u de spanning loslaat, zegt u tegen uzelf: ontspan of laat los. Door telkens het woordje 'ontspan' te

zeggen, leert uw lichaam op den duur luisteren naar die opdracht. Dat loslaten of ontspannen doet u direct en volledig, dus niet geleidelijk.

Blijf tijdens de hele oefening op uw ademhaling letten. Houd bij het aanspannen uw adem niet in, maar blijf rustig in- en uitademen.

Het is in het begin aan te raden om de oefening op een bandje in te spreken of iemand te vragen de oefening voor te lezen. Na verloop van tijd kunt u de oefening zonder hulp uitvoeren. Er is ook een cassette 'Ontspannen' verkrijgbaar waarmee u deze ontspanningstechniek kunt aanleren. In de literatuurlijst vindt u er meer gegevens over.

Deel 1: Ontspannen

Hoofd   Span uw wenkbrauwen door deze zo hoog mogelijk op te trekken. Hou dit 15 seconden vast. Span zo hard mogelijk aan. Voel de spanning oplopen, ga door zover als u kunt en ontspan.

Span nu uw neus door deze zo hoog mogelijk op te trekken en uw neusgaten zo wijd mogelijk open te sperren (er zitten hier heel veel spiertjes). Hou 15 seconden vol en laat los.

(Denk aan uw ademhaling!)

Span nu uw mond door deze zo wijd mogelijk open te doen met de kin in de richting van uw borst. Span zo flink mogelijk aan (15 sec.) en ontspan.

Schouders	Span uw schouders door deze zo hoog mogelijk op te trekken en uw hoofd als het ware in een kommetje te houden. Drijf deze spanning zo ver mogelijk op en laat los.
Rechterarm	Strek uw arm, bal uw hand tot een vuist en til hem 5 cm van de grond. Duw de arm als het ware van uw lichaam af. Drijf de spanning zover op als u kunt (15 sec.) en ontspan. Voel het verschil met uw linkerarm.
Linkerarm	idem
Buik	Trek uw buik zover mogelijk in en duw hem daarna naar boven, tegen de broek/rokband aan. Maak er als het ware een ballonnetje van. (Let op uw ademhaling!) Laat los.
Billen	Pers uw billen zo hard mogelijk tegen elkaar. (Het kan zijn dat uw bekken wat kantelt, dat geeft niks.) Hou deze spanning vast, drijf langzaam op en ontspan na 15 seconden.
Rechterbeen	Til uw been 5 cm van de grond en duw uw tenen in de richting van uw neus. Duw het been van uw lichaam weg en drijf de spanning op. ...Kan best nog wat meer... maak harder en harder en laat los. Voel ook hier het verschil met uw linkerbeen.
Linkerbeen	idem

Blijf nog even rustig liggen en voel hoe rustig uw lichaam is geworden. Ook uw ademhaling is rustiger dan voorheen. Doe uw ogen weer open en kijk weer naar het punt boven u. Wrijf wat, slik wat, geeuw wat, maar kom vooral langzaam en in een rustig tempo overeind.

Het volgende deel van de oefening richt zich op uw ademhaling. De ademhalingsoefening heeft tot doel om bijvoorbeeld minder te blozen en verschijnselen van hyperventilatie te voorkomen. Doe dit ademhalingsdeel altijd na het ontspanningsdeel. Kom dan na het ontspannen niet overeind, houd uw ogen gesloten en concentreer u op uw ademhaling. Adem een paar keer diep in en uit.

Deel 2: Ademhaling
Adem zeven tellen in door uw neus. Houd uw adem zeven tellen vast. En adem zeven tellen uit door uw mond, waarbij u uw lippen tuit, alsof u fluit.
Doe dit ongeveer zes keer.

Doe nu uw ogen open en kijk weer naar het punt boven u. Blijf nog even liggen en geniet van het ontspannen gevoel. Wrijf wat, slik wat, geeuw wat, en kom vooral langzaam en in een rustig tempo overeind.

Als u deze oefeningen regelmatig doet, het liefst elke dag, zult u merken dat uw lichaam gaat reageren op het commando 'ontspan' of 'laat los'. Op een gegeven moment hoeft u alleen nog maar die woorden tegen uzelf te zeggen om uw lichaam te ontspannen; dus zonder eerst de spanning op te hoeven voeren. U leert ook u uw lichaam beter observeren, zodat u voelt waar de spanning zit en direct die specifieke plek kunt aanpakken, bijvoorbeeld uw schouders, of uw hoofd. U begrijpt dat u deze oefening dan ook zittend of staand kunt uitvoeren. Dat lukt niet van de ene op de andere dag, maar als u regelmatig oefent, krijgt u de techniek snel onder de knie.

Het is goed om na deze oefeningen de eerder genoemde REI-oefening te doen (zie hoofdstuk 4). Als u ontspannen bent, kunt u zich beter concentreren en zult u er ook eerder in slagen om de heftige emoties die u hebt opgeroepen af te zwakken tot een aanvaardbaar niveau.

HOOFDSTUK ZES

Mooie plannen, nu nog doen

Dat veel roken en drinken slecht voor u is, zal u niet nieuw in de oren klinken. Evenmin zult u verrast zijn door de mededeling dat beweging en gezonde voeding goed voor u zijn. De oude Grieken hadden gelijk met hun motto 'Een gezonde geest in een gezond lichaam'. Maar hoeveel mensen zijn er niet die nauwelijks de tijd nemen om goed te eten en zich hoofdzakelijk beperken tot 'junk food'. Sommigen zijn zo prestatiegericht dat ze voor hun carrière hun gezinsleven en sociale leven opofferen. Ze nemen regelmatig werk mee naar huis, slaan pauzes over, hebben geen tijd meer voor hobby's en het is al weer heel wat maanden geleden dat ze voor het laatst naar de film zijn geweest of een vriend hebben bezocht. Kortom, veel inspanning en weinig ontspanning.

Het zijn de kleine dingen die het doen

U begrijpt dat een dergelijke manier van leven de stress alleen maar opvoert. Misschien herkent u enkele van deze gewoontes. Iemand die zich gespannen voelt of het druk heeft, vertoont nu eenmaal vaak de neiging om zijn leefpatronen te veranderen. Dat is niet altijd een verbetering. De sportclub wordt afgezegd en het feestje afgebeld, in een poging wat rust te creëren of gewoon omdat u er te moe voor bent, of er geen zin in hebt. Als u zulke maatregelen neemt, loopt u echter het risico dat u steeds meer 'afzegt' en uiteindelijk nergens meer aan toekomt en niks leuks meer doet. U hoopte 'lucht' te krijgen, maar het effect is er niet naar. De spanning en onlustgevoelens nemen alleen maar toe. Want juist al die kleine dingen zijn nodig voor het evenwicht tussen in- en ontspanning. Een avondje naar de film, een keer uitgebreid in bad, op bezoek bij vrienden, u eens flink in het zweet sporten, gewoon lekker voor uzelf of uw gezin koken en gezellig natafelen, of de telefoon pakken en die oude vriend opbellen die u al tijden weer eens wilt spreken. Het zijn allemaal dingen die u kunt doen om voor wat afwisseling te zorgen. U leeft immers niet alleen om te werken.

Neem uzelf eens voor om dingen die u al lange tijd niet meer doet of iets wat u eigenlijk al een tijd van plan bent maar waar het telkens niet van komt, nu eens daadwerkelijk op te pakken. Iets wat u leuk vindt, waar u plezier aan beleeft. Maak een afspraak met uzelf. Plan een dag. En doe het, ook als u misschien vindt dat het eigenlijk niet uitkomt omdat u er op dat moment geen tijd voor hebt. U zult zien: het toch doen, geeft lucht en ruimte. En dan maakt het niet u wat u doet: als u het maar leuk vindt: een avondje naar de kroeg, op uw gemak een krant lezen, een partijtje schaken of schilderen. U voelt zich na afloop gegarandeerd wat beter.

Mijn voornemen is om de komende week:

_____

_____

Dit soort voornemens kunt u natuurlijk regelmatig maken. Schrijf ze op in uw notitieboekje en probeer u eraan te houden. Ze zijn belangrijk om meer evenwicht te krijgen in de verdeling van uw tijd over uw werk, rust en liefhebberijen.

Formuleer grotere plannen SMART

Kleine eenmalige voornemens, zoals bijvoorbeeld op bezoek gaan bij die vriend of een keertje lekker koken, zijn goed te overzien. Als u echter voornemens hebt die zich over een langere tijdsperiode uitstrekken en minder eenvoudig te bereiken zijn, kunt u deze beter 'SMART' formuleren. Daarmee maakt u uw voornemen concreet en controleerbaar. De kans dat u uw voornemen dan ook daadwerkelijk succesvol ten uitvoer brengt, wordt er groter door.

Langere-termijnvoornemens of -doelstellingen zijn bijvoorbeeld:
- stoppen met roken
- iets/meer aan uw conditie doen
- kritischer zijn tijdens vergaderingen
- gezonder eten
- meer pauzes nemen
- meer tijd aan de kinderen besteden
- werk structureren.

Hebt u er ook een paar? En hoelang roept u die al? Dergelijke voornemens zijn minder vrijblijvend en ze vereisen meer doorzettingsvermogen. Anders is de kans groot dat u bijvoorbeeld drie dagen lang inderdaad uw pauzes neemt en vervolgens weer in uw oude patroon terugvalt. Dit verschijnsel zal u beslist niet vreemd voorkomen. SMART helpt u uw doel eerder bereiken. Dit letterwoord staat voor:

S Specifiek
U moet uw doel zo formuleren dat het resultaat concreet is; niet te algemeen en niet te detaillistisch.
U gezonder en fitter willen voelen is te algemeen. U maakt

het concreet door bijvoorbeeld te zeggen: 'Ik meld me aan bij een fitnessclub voor een wekelijks uurtje aerobics.'

M Meetbaar
Uw doel moet te meten zijn in kwantiteit (hoeveel, hoe vaak) en kwaliteit (hoe goed).
'Ik ga iedere week op donderdagavond van 20.00 tot 21.00 uur trainen. Ik wil me er energieker door voelen.'

A Acceptabel
Uw doel moet haalbaar en realistisch zijn en bij uw leefomstandigheden passen. Een drukke baan en de zorg voor drie kinderen willen combineren met vijf avonden per week sporten, is niet acceptabel. De kans dat dat lukt, is nagenoeg nihil.
'Ik ben 's avonds meestal op tijd thuis en heb op donderdag weinig andere verplichtingen. 1 uur per week sporten is haalbaar.'

R Relevant
Levert het u iets op? Bereikt u er uw doel mee?
Als u lid zou worden van een schaakclub, is dit in het kader van uw doelstelling weinig relevant.
'Aerobics helpt me mijn conditie te verbeteren, waardoor ik me inderdaad fitter zal gaan voelen.'

T Traceerbaar
Traceerbaar houdt in dat u van tevoren vaststelt waar uw meetpunten liggen. Wanneer gaat u na of u uw doelstelling gehaald hebt? Wanneer vinden uw tussentijdse controlemomenten plaats? Dat zijn momenten waarop u evalueert hoe het ervoor staat. Moet er iets bijgesteld

worden in uw doelstelling? Gaat u ermee door of niet? Breidt u de doelstelling uit? Zet deze controledata in uw agenda, zodat u het proces blijft volgen.

'Over een maand bekijk ik of ik elke week ben geweest, of het een haalbare kaart is. Ik ga na of ik me gezonder voel en bepaal mijn vervolgstappen.'

Oefening

Maak nu een of meer 'grootse' plannen **SMART**, voornemens die u al heel lang hebt, maar waar het eigenlijk nooit van komt (omdat u zoveel andere dingen aan uw hoofd hebt).

Uw voornemen voor de komende periode:

S _____
_____

M _____
_____

A _____
_____

R _____
_____

T _____
_____

Algemene tips voor een ontspannen leefwijze

We zullen u in dit boek geen uitgebreide voedingsadviezen en verboden geven. U weet zelf immers heel goed wat slecht en wat goed voor u is. We hebben wel enkele algemene tips voor een gezonde en meer ontspannen levenswijze:

- Zorg dat u zich niet hoeft te haasten om afspraken na te komen. Ga op tijd weg en hou rekening met onvoorziene omstandigheden.
- Rond uw werk af, neem geen werk mee naar huis.
- Zorg voor voldoende slaap. Volwassenen hebben 7 tot 9 uur slaap per dag nodig.
- Matig het gebruik van stimulerende middelen (tabak, koffie) en alcoholische drank. Ze verminderen uw stress bepaald niet en doen uw gezondheid weinig goed.
- Let op uw voedingsgewoonten. Probeer gezond te eten; vermijd te vet eten en veel suiker. Eet voldoende fruit en denk aan uw cholesterol. Maak er geen hap-slik-weg-maaltijd van. Beschouw een maaltijd als een moment om van te genieten.
- Neem voldoende pauzes tussen uw activiteiten. Bijvoorbeeld om te eten of te wandelen. Zorg voor ontspanning.
- Bied problemen het hoofd op het moment dat ze zich voordoen en ga niet zitten piekeren over wat eventueel zou kunnen gebeuren (denk aan de RET). Verander wat u kunt veranderen. Lukt dat niet, richt uw aandacht dan op iets anders.
- Krop uw emoties niet op. Praat erover met de betrokkenen of met anderen.
- Zorg voor voldoende lichaamsbeweging. Sport eens wat vaker of wandel op z'n minst elke dag een kwartier.

Leeft u of wordt u geleefd?
Wie gespannen is, heeft vaak het gevoel geleefd te worden. Dit moet nog gebeuren en dat moet morgen klaar. Schrijf hieronder eens vier zinnetjes op met voorbeelden van wat u van uzelf allemaal *moet* doen.

Bijvoorbeeld:
- Ik moet op tijd het eten klaar hebben.
- Ik moet op tijd opstaan etc.

- Ik moet _____

- Ik moet _____

- Ik moet _____

- Ik moet _____

Vervang nu eens 'ik moet' door 'ik wil'. Merkt u het verschil? Als u 'ik wil' zegt, maakt u een vrijwillige keuze; u kiest ergens voor. Als u 'moeten' gebruikt, legt u de verantwoordelijkheid buiten uzelf, alsof u er geen invloed op hebt. Dat geeft het gevoel alsof u geleefd wordt.
'Willen' klinkt anders en voelt anders. Ga maar na. Als u aan het eind van de dag om 6 uur nog wat zit na te praten en u vindt dat het tijd wordt om op te stappen, wat zegt u dan? 'Ik moet nu naar huis' of 'Ik wil nu naar huis'. Probeer het maar.

- Ik wil _____

- Ik wil _____

- Ik wil _____

- Ik wil _____

HOOFDSTUK ZEVEN

Tot hier en niet verder

De manier waarop u zich gedraagt in gezelschap van anderen kan ertoe leiden dat u uzelf onnodig extra onder druk zet. Als u anderen nooit eens 'nee' verkoopt en niet duidelijk uw grenzen aangeeft (tot hier en niet verder), nodigt u anderen eigenlijk uit daar gebruik (of misbruik) van te maken. Omdat u niet of nauwelijks durft te weigeren, worden vervelende klussen al snel in uw richting geschoven. Zo kunt u het idee krijgen dat u geleefd wordt in plaats van dat u zelf bepaalt wat u wel en niet wilt doen. Het is begrijpelijk dat uw last (en stress) daardoor alleen maar zal toenemen. Als u moeite hebt om voor uw eigen mening op te komen, bent u niet goed in staat uw belangen te verdedigen. U laat zich dan door anderen gemakkelijk overtroeven en trekt regelmatig aan het kortste eind. En daar wordt u natuurlijk ook niet vrolijker van.

Ook slecht met kritiek kunnen omgaan, kan onnodige spanning opleveren. Dat kan zich weer uiten in woede, frustratie en ongenoegen. U hebt dan vaak alleen oog voor de negatieve kanten van de kritiek en ervaart deze als een persoonlijke afwijzing, ook als de kritiek slechts betrekking heeft op uw gedrag. Zeker als u toch al een perfectionistische instelling hebt, kan kritiek van anderen net de druppel zijn die de emmer doet overlopen.

Deze vormen van gedrag noemen we subassertief gedrag. U kiest niet zelf, u laat anderen kiezen; zij geven u vervelende klussen, zij geven kritiek. En u laat het allemaal gebeuren, ook al bent u niet tevreden over de gang van zaken. U krijgt zo het gevoel dat anderen uw leven regeren, dat de dingen u overkomen en dat u er zelf weinig aan kunt doen. In feite zet u uzelf zo door uw subassertieve gedrag onder druk. U vlucht of vermijdt de situatie of u past zich aan, en u laat niet zien wat u werkelijk wilt. Het is in feite een ongewilde *flight*-reactie zoals we in hoofdstuk 1 beschreven hebben.

De *fight*-reactie kan zich echter ook voordoen. Als u constant maar uw ongenoegen opzout, uw mening niet geeft, geen 'nee' durft te zeggen of u bij kritiek persoonlijk aangevallen voelt, gedraagt u zich in zekere zin als een snelkookpan. De druk neemt toe, tot het moment waarop u wel stoom af móet blazen. En dan komt alles waarschijnlijk op een zeer agres-sieve manier naar buiten. Met als gevolg dat u dingen zegt of doet waar u later weer spijt van krijgt.

In het hoofdstuk over de RET hebt u gezien dat uw gedachten uw gedrag beïnvloeden. En dat u uw gedachten kunt sturen, door hun rationaliteit ter discussie te stellen. Op die manier gaat u zich niet alleen anders voelen, maar ook anders gedragen! Waarom zegt u geen 'nee'? Durft u dat niet? Is het omdat mensen u dan misschien niet aardig zullen vinden of boos op u zullen worden? Wat zou er in het ergste geval kunnen gebeuren als u 'nee' zegt? Waar staat geschreven dat u altijd 'ja' moet zeggen, ook op dingen die u helemaal niet wilt? Pas in deze situaties in elk geval de RET toe. Daarnaast zijn er ook technieken, vaardigheden en handige 'weetjes' die u kunnen helpen u assertiever te gedragen, waardoor u zich minder gespannen zult voelen. Daarover gaat dit hoofdstuk.

> Het zou nogal wat moeite kosten al deze lieden te vriend te houden. Laat het volstaan dat zij geen vijanden zijn.
> *Seneca*

'Nee' is 'nee'

Zou je even kopieën voor me willen maken? Zet jij even koffie? Wil je me straks even afzetten bij de trein? Kun jij dit rapport vanavond nog even doornemen? Mag ik 25 gulden van je lenen?

- Hoe vaak zegt u 'nee' op dit soort vragen?
- Hoe vaak zegt u 'ja' als u eigenlijk 'nee' bedoelt?
- Als u 'ja' zegt, doet u dat dan omdat u dat zelf graag wilt, of omdat u eigenlijk geen 'nee' durft te zeggen?

Als u ervoor kiest om 'ja' te zeggen tegen wat voor verzoek dan ook, is er niets aan de hand. Zolang u er zelf voor kiest, hebt u geen last.
Maar hoe vaak belandt u niet in een situatie waarin u 'ja' zegt, ook al hebt u er eigenlijk geen zin in, of geen tijd voor of wat dan ook. U zegt dan waarschijnlijk 'ja' omdat u de confrontatie vreest, of omdat u niet goed weet hoe u op een goede manier 'nee' kunt zeggen.
Draai het eens om. Hoe vaak hebben mensen 'nee' tegen u gezegd? Wat vond u daarvan? In de meeste gevallen vond u dat waarschijnlijk niet eens zo raar.

Een oefening in 'nee'-zeggen
Vraag uw partner, vriend(in) of een goede collega u een willekeurig verzoek te doen. Dat mag een fictieve vraag zijn, bijvoorbeeld een van de vragen die aan het begin van deze paragraaf staan. Uw opdracht is om daar 'nee' op te zeggen. Degene die u het verzoek doet, moet blijven aandringen, mag extra argumenten verzinnen om u over de streep te trekken, ook al zegt u 'nee'. Bijvoorbeeld: 'Ah joh, doe niet zo flauw,

zet me nou even af bij de trein, het is voor jou maar 10 minuten om. Anders mis ik de trein en moet ik een uur wachten op de volgende'. Hij of zij moet het u zo moeilijk mogelijk maken. Als u er met de ander uitkomt, stopt u met de oefening. Als dat na maximaal 5 minuten nog niet is gelukt, houdt u ook op.

Lastig hè, om nee te zeggen? Beantwoord nu voor uzelf de volgende vragen.
- Wat was het resultaat van deze oefening? Bent u bij uw weigering gebleven of bent u uiteindelijk toch overstag gegaan?
- Voelde u zich schuldig omdat u 'nee' zei?
- Ging u uitgebreid argumenten verzinnen waarom u 'nee' zei?
  Gaf u verklaringen waarom u niet aan het verzoek kon voldoen? Bijvoorbeeld: 'Nee, ik kan dat niet doen want ik moet nog boodschappen doen, en anders ben ik te laat om m'n dochter op te halen van school en ik moet nog tanken ook', etc.
- Verzon u smoezen om niet aan het verzoek te hoeven voldoen?
- Werd u uiteindelijk een beetje boos op de ander en zei u zoiets als: 'Nou dat is dan pech voor jou' of 'Doe het zelf maar, ik doe het niet.' (En werd de ander een beetje boos op u?)

Als iemand u iets vraagt, kunt u daar wel of niet aan voldoen. Het is uw keuze. Een rationele, assertieve gedachte is daarbij dat u altijd het recht hebt om 'nee' te zeggen of aan te geven dat u iets niet wilt, tegen wie of wat dan ook.
De volgende aandachtspunten kunnen u helpen eens wat vaker 'nee' te zeggen tegen dingen die u *niet* wilt. En dat op

zo'n manier dat de relatie met de ander niet verstoord raakt.

1. U hebt het recht om 'nee' te zeggen
Laat dit goed tot u doordringen. 'Nee'-zeggen is een recht. Niemand heeft het recht u te dwingen om iets tegen uw zin te doen. Of u iets wel of niet doet, bepaalt u zelf. Het is altijd uw keuze. Als u twijfelt aan dit recht, wordt het inderdaad erg moeilijk om 'nee' te zeggen.

2. Luister goed naar de inhoud van het verzoek
Wat wordt er precies gevraagd? Ga niet lopen interpreteren of zoeken naar mogelijke achterliggende bedoelingen. Wat vraagt de ander precies van u? En wat betekent dat voor u?

3. Bedenk wat ú wilt: 'ja' of 'nee'. U kiest!
Doet u het graag en wilt u echt 'ja' zeggen, doe het dan ook. Als u nog niet precies weet wat u nu eigenlijk wilt, kunt u altijd om *uitstel* vragen. Ook dat is een recht dat u hebt. Zeg dan bijvoorbeeld iets als: 'Daar overval je me nogal mee. Ik moet daar nog even over nadenken, dat kan ik nu niet beslissen. Ik bel je daar morgen over terug.'
(Hebt u moeite met het vragen van uitstel, dan kunt u daar weer de RET op loslaten.)

Als u iets niet wilt en u besluit 'nee' te zeggen:

4. Zeg 'nee' en geef eventueel een korte argumentatie of verklaring van waarom u 'nee' zegt
Het is belangrijk dat u uw reactie kort houdt. Eén reden of verklaring is meer dan genoeg. Hoe meer argumenten u gebruikt, hoe meer munitie u de ander geeft om te kunnen blijven aandringen. Ongetwijfeld ontzenuwt hij dan uw

zwakste argument, bijvoorbeeld: 'Nou joh, dan gaan we toch eerst even tanken en zet je me daarna af. Als we nu weggaan, halen we het nog net.' Hou het dus bij: 'Nee sorry, ik kan nu echt niet, want ik moet op tijd bij de crèche zijn om m'n kind op te halen.'
Als de ander blijft aandringen, herhaalt u gewoon uw 'nee' en uw argument (alsof u een cd bent die blijft hangen). U komt niet met extra argumenten!

5. Geen smoezen

U hebt geen smoezen nodig om 'nee' te zeggen. U bent niet verplicht om u voor de ander te rechtvaardigen. U kiest voor 'ja' of 'nee' en daarmee uit. Wat de reden daarvoor is, doet er eigenlijk niet toe. Het gaat om wat u wilt. Bovendien komen leugens en smoezen negen van de tien keer uit, en dan hebt u zelf weer een nieuw probleem gecreëerd dat ook weer schuldgevoelens en spanning op kan leveren.

6. Word niet agressief

Het heeft geen zin om boos te worden op de ander of hem van alles naar het hoofd te slingeren. Agressie roept agressie op; een ijzeren wet. Het enige wat u met een agressieve reactie bereikt, is ruzie. Aan uw verzoek hoeft u dan inderdaad niet meer te voldoen, maar u zet de relatie met de ander nodeloos onder spanning. De situatie verslechtert alleen maar.

7. Blijft de ander doordrammen? Geef hem daarop dan commentaar

U geeft geen argumenten en gaat niet inhoudelijk in op wat de ander zegt, maar u zegt iets over de vorm, over de manier van communiceren. Als u dat doet, stelt u duidelijk een grens. U laat de ander op een assertieve manier weten dat het nu genoeg is geweest, dat hij een grens overgaat als hij langer aanhoudt. U zegt bijvoorbeeld: 'Luister, ik heb 'nee' gezegd. Ik wil niet dat je nu nog doorgaat. 'Nee' is 'nee.' Of: 'Ik vind het vervelend dat je zo blijft aandringen, ik wil dat je daar nu mee stopt.'

8. Stopt de ander dan nog niet, dan beëindigt u het gesprek

U zegt dat u niet langer met hem of haar wilt praten en gaat weg. U laat de ander duidelijk merken dat hij een grens over is gegaan.

Doe nu nog eens de oefening op pag. 94. Weer met een willekeurige vraag. 'Wil je nog een koekje?' of 'Maak jij deze brief nog even af voor je weggaat?' of 'Wil jij vanavond voor de drankjes en hapjes zorgen?; het maakt niet uit wat het verzoek is. Pas nu echter bovenstaande technieken toe als de ander u probeert over te halen het toch te doen.

- Hoe verliep het gesprek nu?
- Bleef de ander aandringen of hield hij op een gegeven moment op?
- Merkt u dat u 'nee' kunt zeggen zonder afbreuk te doen aan de relatie en dat u zich ook niet schuldig hoeft te voelen?
- Vraag aan de ander hoe moeilijk het voor hem was om door te drammen.

Een doordenkertje

Altijd 'ja' zeggen is eigenlijk asociaal

Bent u het met deze stelling eens? Als u 'ja' zegt, maar 'nee' bedoelt of 'ja' zegt maar het niet doet, zet u de relatie met de ander ook onder spanning. U gunt het anderen dan in feite niet dat ze duidelijkheid over u krijgen. De ander weet niet wat hij aan u heeft. Op zo iemand kun je niet rekenen.

Assertief gedrag is transparant. Wat u denkt en wilt, laat u ook zien en horen. Assertieve mensen geven zelf aan wat ze denken, voelen en willen. Doet u dat niet, dan nodigt u anderen uit om over uw grenzen heen te gaan. Anderen nemen de ruimte die u hun geeft. Als u niet duidelijk aangeeft wanneer de maat vol is, waar uw grenzen liggen, hoe kan de ander dat dan weten? Kom dus voor uzelf op.

Waar ligt mijn grens?

Misschien vindt u het moeilijk om aan te geven waar uw grenzen liggen. Dat is soms ook heel lastig te benoemen. Een ding is echter zeker: wanneer een grens overschreden is, weet u dat zelf donders goed. U voelt zich bijvoorbeeld ongemakkelijk of ontevreden over uzelf, en u denkt 'Had ik nu maar zo gereageerd' of 'Ik had ook veel eerder 'nee' moeten zeggen'. Door dat ongemakkelijke gevoel weet u eigenlijk altijd wel waar uw grenzen liggen, al is dat soms achteraf. En door dat gevoel weet u ook waar u in het vervolg op moet letten, en in welke situaties u de neiging hebt om u subassertief te gedragen en uw grenzen niet duidelijk te stellen.

Grenzen kunnen overigens wel verschillen, afhankelijk van wie u tegenover u hebt, in welke situatie u zich bevindt en hoe u zich op dat moment voelt. Als u zich niet lekker voelt, liggen uw grenzen begrijpelijkerwijs dichterbij en denkt u eerder 'Dat wil ik niet' dan wanneer u zich prettig en ontspannen voelt. Dan kunt u waarschijnlijk net iets meer hebben. Zo zult u van de één ook meer kunnen verdragen dan van een ander.
Ga altijd af op uw gevoel als het gaat om het aangeven van uw grenzen.

In allerlei situaties kunt u het gevoel krijgen dat het wat u betreft te ver gaat. Bijvoorbeeld:
U bent net verhuisd en hebt uw woonkamer volledig nieuw ingericht. U bent trots en zuinig op uw nieuwe spullen. Uw zus en zwager komen met hun twee kinderen langs om het nieuwe huis te bewonderen. De kinderen zijn behoorlijk uitgelaten, rennen door de kamer, glijden met hun schoenen uit over het nieuwe parket, waardoor er allerlei zwarte strepen op komen en lijken van plan de hele boel af te breken. Uw zus of zwager zeggen er niets van, maar u ergert zich kapot.

Als u subassertief zou reageren, wat zegt of doet u dan?

_____
_____
_____

Als u assertief zou reageren, wat zegt of doet u dan?

_____

_____

_____

Een subassertieve reactie zou zijn: u zegt niets, u voelt zich slecht op uw gemak en kijkt met angst en beven naar de kinderen. U gaat zich steeds meer ergeren aan het feit dat geen van beide ouders hen tot de orde roept. Als ze weg zijn, vertelt u achteraf het hele verhaal tegen wie het maar horen wil met de mededeling 'Het is toch niet te geloven, dat snap je toch niet, dat ze dat zomaar toelaten, wat een opvoeding' etc. Bovendien blijft u zitten met een vervelend gevoel naar uw familie toe. Voorlopig kijkt u wel uit voor u hen nog eens uitnodigt.

Een assertieve reactie levert minder stress op, waardoor u ook de relatie niet schaadt. U laat 'van buiten' merken wat u 'van binnen' voelt en geeft aan dat uw grens overschreden dreigt te worden. U zegt bijvoorbeeld: 'Ik zie dat de kinderen nogal uitgelaten zijn. Ik heb liever dat ze daarmee ophouden, want ik heb net alles nieuw.' Het moet wel heel raar lopen, wil uw zus of zwager de kinderen niet tot de orde roepen en buiten laten spelen of iets dergelijks. Uw ergernis verdwijnt en u voelt zich de rest van de tijd dat ze er zijn een stuk prettiger.

Kortom, als u wilt dat mensen rekening met u houden, zult u aan moeten geven wat u wilt. Alleen zo kunt u onnodige spanning voorkomen.

HOOFDSTUK ACHT

Reageer eens anders

Een alledaags tafereeltje?
Jaap heeft een dagje vrij genomen om de slaapkamer opnieuw te behangen. Hij haalt een mooi behangetje bij de doe-het-zelf-zaak, huurt een behangtafel en gaat enthousiast aan de slag. De hele dag is hij druk in de weer. Het is een hele klus, maar aan het eind van de middag is hij klaar. Voldaan kijkt naar zijn werk. 'Dat heb ik toch mooi even in m'n eentje gefikst', denkt hij, 'Jessica zal wel blij zijn als ze thuiskomt.' Als Jessica thuiskomt, laat hij haar trots de nieuwe slaapkamer zien.
Het blijft even stil en dan zegt Jessica: 'Zo, zo, dat ziet er wel even anders uit, maar ik dacht eigenlijk dat we het effen zouden houden?'
'Ja, maar ik zag dit behangetje en dat leek me eigenlijk veel leuker, toch?', antwoordt Jaap.
'Had je niet even met mij kunnen overleggen over de kleur, ik vind het tamelijk druk voor een slaapkamer.'
Jaap begint inmiddels al behoorlijk boos te worden: 'Zeur toch niet zo over die kleur, wees liever blij dat het gebeurd is. Ik heb me de hele dag rotgewerkt.'
'Nou ja, de hele dag lijkt me wat overdreven, dat zit er toch in twee uurtjes op?'
'O ja, als jij het allemaal zo goed kan, dan doe je het voortaan zelf maar.'
'Nou, nou,' sust Jessica, 'ik zeg alleen maar dat ik liever ander behang had gehad.'
Het ziet Jaap even zwart voor de ogen. Dan zegt hij: 'Weet je wat jij doet, je bekijkt het maar, ik doe niks meer in dit huis.'

Woedend loopt hij naar buiten en smijt de deur hard achter zich dicht.

Duidelijk zal zijn dat Jaap in dit verhaal flink over zijn toeren raakt. Niet alleen door de tegenvallende reactie van Jessica, maar ook door zijn eigen reactie. Hij voelt zich behoorlijk aangevallen en automatisch begint hij zich te verdedigen. Uiteindelijk leidt dat tot gehakketak en zelfs ruzie. Een niet bepaald ontspannen situatie.

Op het moment dat we commentaar van een ander krijgen, thuis of op het werk, schieten we vaak onmiddellijk in de verdediging. We worden boos en als we niet oppassen, raken we in een woordenwisseling verwikkeld die ons flink wat spanning op kan leveren. In feite reageren we dan heel irrationeel, met gedachten als: 'Hoe durft ze dat te zeggen, ik heb zo m'n best gedaan en dan krijg ik dit te horen,' etc. We jagen onszelf in de stress.
Commentaar krijgen is zelden prettig. De eerste reactie is vaak jezelf verdedigen of de ander maar gelijk geven om ervan af te zijn, maar dat levert meestal vervelende gedachten en spanning op. Er zijn andere manier van reageren. Manieren die veel minder spanning opleveren, die ruzies helpen voorkomen en een opening bieden in de discussie.

Andere reactiemogelijkheden

Als u commentaar krijgt van iemand, is het handig om te kunnen putten uit een reeks van reactiemogelijkheden. Daarmee kunt u voorkomen dat u automatisch in de verdediging schiet. Probeer eens een van de volgende reacties uit als u commentaar krijgt.

Doorvragen
Vraag de ander waarop hij zijn commentaar baseert. Probeer extra informatie van hem te krijgen. Vaak haalt dat de angel al uit het commentaar. Met doorvragen dwingt u de ander om niet zomaar wat beschuldigingen te roepen, maar om concreet aan te geven wat hem dwars zit en waarom.

Reageren op de vorm (toon/emotie), niet op de inhoud
Als iemand bij wijze van spreken rood aangelopen op vervelende toon of in ruwe bewoordingen commentaar geeft, helpt het als u de inhoud van zijn woorden even laat voor wat het is en ingaat op de vorm waarin hij zijn commentaar geeft. Denk aan wat we zeiden over commentaar geven op de vorm als iemand doordramt (zie pag. 97).
Zeg iets als: 'Ik zie dat je je daar nogal over opwindt. Het is inderdaad erg vervelend, maar het was niet m'n bedoeling om je kwaad te maken.'
U geeft de ander even gelegenheid stoom af te blazen, en u laat zien dat u begrip hebt voor zijn emoties.

Benoem uw eigen gevoel/emotie
Als dat wat de ander zegt u persoonlijk erg raakt of als u zich onrechtvaardig behandeld voelt, benoem dan uw eigen gevoel. Vaak zal blijken dat de ander zich niet bewust is van het effect dat zijn woorden bij u teweegbrengen. De kans is groot dat hij het zo niet had bedoeld.
Zeg bijvoorbeeld iets als: 'Ik vind het vervelend dat je dat zegt. Ik heb zelf het idee dat ik het goed heb gedaan en ik dacht dat jij dat ook zo begreep.' Of: 'Ik vind het jammer dat je dat zegt, want ik heb het gevoel dat ik daar erg m'n best op heb gedaan.'
Doordat u zich niet verdedigt, maar aangeeft wat het u doet,

biedt u een opening om de kwestie op niveau van gelijkwaardigheid te bespreken en toe te werken naar een oplossing.

> **Een wereld van verschil**
>
> Twee bijna gelijke zegswijzen die gebruikt worden na commentaar van een ander, zijn de uitdrukkingen 'Ja, maar' en 'Ja, en'. In werkelijkheid vormen zij een wereld van verschil.
>
> Als u reageert met 'ja, maar' neemt u een verdedigende houding aan. 'Ja, maar jij vindt ook nooit iets goed', 'Ja, maar ik heb het ook zo druk.' Het lijkt of u 'ja' zegt, maar u zegt eigenlijk gewoon 'Nee, ik ben het er niet mee eens'. U gaat in de tegenaanval, uw hebt irrationele gedachten (hij mag dat niet zeggen, dit is onrechtvaardig). U blokkeert het gesprek en u loopt een grote kans dat u in een woordenwisseling verzeild raakt.
>
> Reageert u daarentegen met 'ja, en' dan biedt u een opening voor een gesprek over het punt van kritiek. U ontkent de gevoelens van de ander niet (zonder dat u hem direct gelijk geeft) en u geeft aan dat u bereid bent om samen naar een oplossing te zoeken. Dit is een rationele, productieve reactie.
> Bijvoorbeeld: 'Ja, en als we dan ook nog uitleg krijgen over die nieuwe procedure kunnen we snel van start' in plaats van 'Ja, maar zo hebben we dat nog nooit gedaan en die oude procedure werkt toch goed.'

Oefening

Doe deze oefening, een rollenspel, samen met iemand anders. Uw tegenspeler vervult rol 1, u speelt rol 2.

Rol 1:
U werkt samen met uw collega aan een nieuw product. Regelmatig voert u daarvoor overleg. U vindt dat die besprekingen niet lekker lopen. U maakt telkens duidelijke afspraken met elkaar, maar uw collega houdt zich daar niet aan. U trekt zich

dat behoorlijk aan; u ergert zich. U geeft commentaar op het functioneren van uw collega.

Rol 2:
U krijgt commentaar van de ander en verdedigt u.

Bespreek na afloop de volgende punten:
- Hoe verliep het gesprek?
- Kwam u tot een goede oplossing voor deze kwestie? Welke?
- Hoe voelde u (rol 2) zich toen u zich ging verdedigen?
- Hoe voelde de commentaargever (rol 1) zich toen u zich ging verdedigen?

Speel het rollenspel nog een keer. Rol 1 blijft hetzelfde, rol 2 wordt gewijzigd:

Rol 1:
Hetzelfde als hierboven

Rol 2:
U krijgt commentaar, maar dit keer verdedigt u zich niet. U probeert een van de drie rationele reacties uit (doorvragen, reageren op de vorm, eigen gevoel benoemen).

Bespreek na afloop de volgende punten:
- Hoe verliep het gesprek?
- Kwam u tot een goede oplossing voor deze kwestie? Welke?
- Hoe voelde u (rol 2) zich bij deze niet-verdedigende reactie.
- Hoe voelde de commentaargever (rol 1) zich bij deze reactie?

U kunt de rollen in deze oefening natuurlijk ook omdraaien.

U vervult dan rol 1, dus met uzelf als de gever van het commentaar en de ander speelt rol 2, de ontvanger van het commentaar.

Door deze oefening hebt u kunnen merken hoe moeilijk het vaak is om op een goede manier met het commentaar van anderen om te gaan. Ook als u zelf iets op anderen aan te merken hebt, valt het niet altijd mee om dat op een goede manier te doen. Dat is jammer, want het krijgen en geven van commentaar is een effectieve manier om van elkaar te leren. Als u vroeger op school nooit te horen zou hebben gekregen of u uw rekensommen goed of fout had opgeteld, zou u nooit hebben leren rekenen. En leren autorijden of een computer bedienen, lukt ook niet of zeer moeizaam als er niemand is die aanwijzingen geeft en zegt wat u goed of fout doet.

Regels om commentaar te geven
Als u iemand commentaar wilt geven, doe dat dan in de volgorde ik-ik-jij.

Ik Ik neem waar ... (wat u ziet en/of hoort)

Ik Ik krijg hier het gevoel bij dat...
Ik zou graag willen dat ... (aangeven wat u zou willen zien en/of horen)

Jij Begrijp *je* wat ik bedoel?
Ben *je* bereid dit te doen?
Wat vind *je* ervan? Klopt dat?

Bijvoorbeeld:
'Ik zie dat je vandaag meer dan een half uur te laat bent. Ik vind dat heel vervelend, omdat het heel druk is en Marianne nu een half uur lang alleen bij de telefoon zit. Ik zou graag willen dat je in het vervolg weer op tijd komt. Ben je bereid dit te doen?'

Commentaar in de ik-vorm is de meest eerlijke. Als u de jij-vorm gebruikt, suggereert dat algemeenheden of iets wat voor iedereen zou gelden. De ander zal zich eerder aangevallen voelen en in de verdediging schieten. Het maakt nogal wat uit of iemand tegen u zegt: 'Jij komt altijd te laat. Je moet toch eens wat minder laat naar bed gaan, dan ben je 's ochtends tenminste uitgeslapen' (reactie: 'Kijk naar jezelf.) of 'Ik zou graag zien dat je vanaf nu weer om 9.00 uur aanwezig bent.'

Alleen iets wat daadwerkelijk gebeurt, kunt u zien en horen. En alleen over zo'n objectieve waarneming kunt u commentaar geven. Hebt u ideeën over de ander die niet gebaseerd zij op iets wat u hoort of ziet, geef dan geen commentaar, maar check uw ideeën. Voorbeeld: 'Ik denk dat jij... (denkt/doet/wilt/voelt). Klopt dat?'

Hoe gaat u om met commentaar?

Beantwoord voor uzelf de volgende vragen.
- Krijgt u veel of weinig commentaar?
- Geeft u veel of weinig commentaar? Als u anderen weinig commentaar geeft, probeer daar dan eens wat in te veranderen. Begin klein. Spreek eens iemand aan, vertel hem wat u ziet en let op zijn reactie.
- Hebt u de neiging om tegen te spreken? Doet u 'tegenaanvallen'?
  Laat de ander een volgende keer eens uitspreken. Slik uw verdedigende reactie in. Tel eerst tot tien voordat u reageert.
- Zegt u dat u commentaar accepteert, maar handelt u er niet naar?
- Accepteert u het commentaar zonder erover na te denken of bij uzelf na te gaan of het reëel is?
- Krijgt u door het commentaar inzicht in uw gedrag? Stelt

het u in staat op een andere (nieuwe) manier te handelen?
- Kortom, doet u iets met het gekregen commentaar?

Als u op de juiste manier met commentaar omgaat, zult u merken dat de ervaringen die u opdoet u stimuleren om vaker commentaar te geven en dat commentaar van anderen u verder kan helpen.

Positief commentaar
Helaas wordt ook positief commentaar vaak ontkracht, ontkend of gebagatelliseerd.
Bijvoorbeeld:

'Wat heb je lekker gekookt.'
'Oh, geen enkele moeite hoor.'

'Wat heb je dit project goed afgehandeld.'
'Daar word ik toch voor betaald.'

'Ik vind het geweldig hoe je me hebt geholpen bij deze klus.'
'Ach, voor wat hoort wat.'

Zeg nou gewoon eens 'dankjewel'. U krijgt tenslotte een compliment. Een positieve reactie is zowel voor uzelf als voor de gever van het commentaar veel leuker. Probeer te genieten van complimenten en kijk eens tevreden terug op dat wat u goed hebt gedaan. Kleine kinderen gaan ook stralen van een welgemeend compliment; ze krijgen er energie van. Waarom zou dat voor u niet gelden?

HOOFDSTUK NEGEN

Baas over uw eigen tijd

Tijd is een kostbaar goed. Het is niet te koop, niet te leen en niet te sparen. We zullen het moeten doen met de 24 uur die we per dag hebben. Geen minuut langer, geen minuut korter.

> Onze tijd wordt grotendeels geroofd, deels ontfutseld. En wat dan nog overblijft, gaat ongemerkt verloren.
> *Seneca*

'Had ik elke dag maar een puur uur meer.'
'Ik kom echt met al dat werk niet klaar deze week.'
'Ik heb geen tijd meer voor sport en hobby's.'
'Als ik op zondag niet werk of de aankomende week niet voorbereid, krijg ik het nooit af.'
'Ik heb nauwelijks nog tijd voor mijn familie en sociale contacten.'

Doet u ook regelmatig zulke uitspraken?
Wie last heeft van spanning, lijkt constant tijd te kort te komen. Die 24 uur is niet genoeg voor alles wat we moeten en willen.
Het is echter nog maar de vraag of u werkelijk geholpen zou zijn met extra uren. De paradox is vaak dat zodra we meer tijd te besteden krijgen, we daarin toch weer meer willen doen. Met als gevolg dat we binnen de kortste keren weer tijdgebrek hebben.

Als u af wil van dat gevoel dat u nooit tijd genoeg hebt, zult u keuzes voor uzelf moeten maken: wat vindt u belangrijk, waar wilt u uw tijd nu werkelijk aan besteden? Alleen aan de

dagelijkse routine werken-eten-slapen, of wilt u ook wat meer tijd besteden aan de leuke dingen in het leven? Meer tijd voor ontspanning, voor uw gezin, familie en vrienden, voor sportclubs of hobby's, meer tijd voor uzelf?
Een ding is duidelijk: mensen die voldoende tijd voor zichzelf hebben, zijn gezonder, ervaren minder stress, zijn productiever en creatiever.

Daarnaast leven we natuurlijk in een 'olympische' maatschappij: alles moet sneller, goedkoper en flexibeler. De druk op de individuele werknemer neemt toe. Nederland staat derde op de wereldranglijst van arbeidsproductiviteit, vlak na Amerika en Japan. En dat terwijl we in de afgelopen jaren in uren juist minder zijn gaan werken. Binnen Europa staat Nederland onderaan als het gaat om het percentage van de beroepsbevolking dat meer dan 48 uur per week werkt.

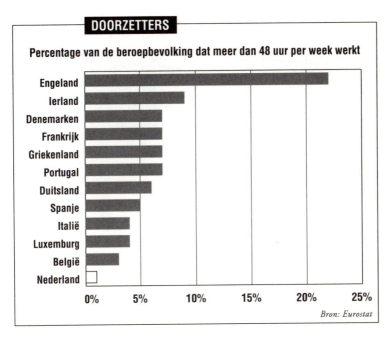

Dat we zoveel uren werken, is het probleem dus niet. Het probleem is wel dat we steeds meer proberen te doen in minder tijd. En dan is het zaak om op de juiste wijze met die tijd om te gaan.

Laten we eens kijken hoe u binnen het aantal beschikbare uren en binnen uw persoonlijke mogelijkheden de dingen af kunt krijgen en minder druk kunt ervaren. Kortom, hoe u beter met uw tijd om kunt gaan.

Oefening
Hoe zit uw persoonlijke weekindeling eruit?
Maak een lijstje van hoeveel uur u **per week** besteedt aan uw diverse bezigheden. Vul onderstaande lijst zelf verder aan.

bezigheden	**hoeveel uur?**
werken	_____
reistijd	_____
eten (ontbijt, lunch en diner)	_____
slapen	_____
sporten	_____
hobby's	_____
schoonmaken huis	_____
klussen in huis	_____
wassen, strijken enz.	_____
boodschappen doen	_____
onderhoud tuin	_____

Overige:

_____   _____

_____   _____

_____   _____

_____   _____

_____   _____

                                       ═══════════ +

Totaal   _____ uur

Loop dit lijstje nog eens goed na.
Bent u echt niets vergeten? Bijvoorbeeld de tijd die u nodig hebt voor uw persoonlijke verzorging zoals, wassen, scheren, uw gezicht opmaken of uw haar verzorgen? Maar ook uw denktijd over uw werk of hoe u iets wilt aanpakken, het thuis voorbereiden van een vergadering, de telefoontjes in de avonduren. En hebt u gedacht aan de tijd die u besteedt aan het bereiden van de maaltijd; het halen en brengen van uw kind naar de crèche, balletles, een partijtje; de ouderavonden; uw bestuursfuncties; familieverplichtingen; uw theaterabonnement; het lezen van de krant of boeken. En u hebt vermoedelijk ook tijd nodig voor zaken als de stomerij; het onderhoud van uw auto en het bijhouden van uw financiële administratie.
Schrijf wat u in eerste instantie vergeten bent alsnog op.

vergeten bezigheden	uren
_____	_____
_____	_____
_____	_____
_____	_____
_____	_____
totaal vorige lijst	_____
	========== +
Nieuwe totaal	_____ uur

Komt dit totaalplaatje overeen met de uren die tot uw beschikking staan? In werkelijkheid hebt u namelijk maar 7 x 24 = 168 uur.
Waarschijnlijk overtreft uw lijstje het beschikbare aantal uren. En waarschijnlijk compenseert u al heel lang op de een af andere manier uw 'tijdtekorten'. Bijvoorbeeld door een aantal dingen onzorgvuldig te doen, ze niet te doen, of ze zo te doen dat ze ten koste gaan van de kwaliteit van andere, ook belangrijke onderdelen van uw leven. U slaapt bijvoorbeeld te kort, u 'verwaarloost' uw familie, vrienden, of uw seksleven, of u neemt geen tijd voor uzelf.

Als u dus uw beschikbare tijd beter wilt structuren, is het belangrijk dat u weet waar uw persoonlijke doelen liggen, zowel binnen als buiten uw functie.
Bent u zich bewust van die doelen of leeft u bij de dag en

denkt u er niet al te veel over na?
Als u leert om uzelf doelen te stellen, zult u merken dat het realiseren ervan eenvoudiger wordt. Natuurlijk niet zomaar en sommige van deze doelen zeker niet van de ene dag op de andere, maar duidelijk voor iets kiezen geeft energie en biedt perspectief voor de toekomst.

Doelen die u zichzelf stelt, moeten gebaseerd zijn op innerlijke waarden, op zuivere gevoelens en op zaken die voor u relevant zijn. Het volgende stappenplan en diagram helpen u om duidelijk te krijgen wat voor u echt belangrijk is.

> Wie niet weet waar hij naar toe wil, moet niet vreemd opkijken ergens anders aan te komen.

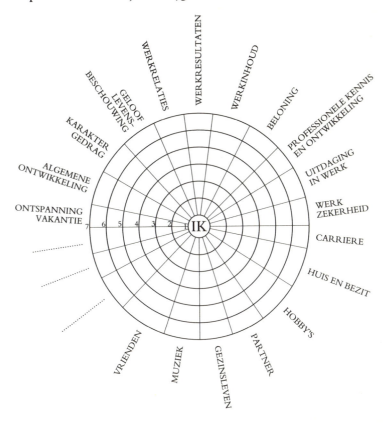

Stap 1
In de cirkel staat u in het midden (Ik). Eromheen staat een aantal belangrijke items. Een drietal ervan is blanco. Deze drie kunt u zelf invullen.
Geef per onderdeel aan hoe belangrijk dit voor u is (gewenste situatie). Doe dit door een A in te vullen in een van de zeven vakjes. Hoe belangrijker iets voor u is, hoe dichter de A bij 'Ik' blijft. Als iets voor u absoluut niet relevant is, komt de A helemaal in de buitenste cirkel.

Stap 2
Nu kijkt u naar uw huidige situatie: de werkelijkheid. U vult nu een B in het desbetreffende vakje in.
Bijvoorbeeld: een leuk huis in een rustige omgeving is voor u zeer belangrijk en u hebt bij 'Huis en bezit' een A in vakje 2 gezet. Helaas woont u in werkelijkheid in een lawaaiig, uitgewoond huis. U vult dan bij 'Huis en bezit' een B in bij vakje 6 of misschien zelfs 7.

Stap 3
Bekijk uw A- en uw B-scores. Waar zitten de grote verschillen?

1. _____
2. _____
3. _____
4. _____
5. _____

Stap 4
Loop deze lijst door en bepaal uw prioriteiten.

1. _____
2. _____
3. _____
4. _____
5. _____

Stap 5
Wat zou u kunnen doen om het verschil tussen de A's en de B's te verkleinen en uw doelen eerder te bereiken?

1. _____
2. _____
3. _____
4. _____
5. _____

Waarschijnlijk hebt u grote en daardoor ver weg lijkende doelen en doelen die wat dichterbij liggen en daardoor eenvoudiger te bereiken zijn. Voor sommige doelen zult u misschien een aantal tussenstappen moeten nemen om het einddoel te bereiken.

Denk bij het stellen van uw doelen in elk geval aan de volgende punten:
- Welke doelen zijn eenvoudig en welke zijn wat lastiger en vragen meer inspanning?
- Welke doelen vind ik leuk?
- Voor welke doelen moet ik wellicht 'iets anders' opgeven?

> De kleine stappen die ik uitvoer, zijn beter dan de grote die ik van plan ben.

- Zijn deze doelen van mijzelf of zijn ze mij opgedrongen door anderen?
- Hoe lang heb ik deze doelen al waar ik nooit echt aan toe gekomen ben?

Oefening

Welke stappen gaat u ondernemen om uw doelen te verwezenlijken? Maak ze SMART.

S _____
_____

M _____
_____

A _____
_____

R _____
_____

T _____
_____

Tijdvreters: doe er wat aan!

Uw doelen bereiken kost tijd. U zult een planning moeten maken, uw tijd moeten indelen. Dit geldt voor al uw activiteiten, zowel binnen uw functie als privé. Er zijn goede planningsystemen die u helpen om uw activiteiten en plannen vast te leggen, al kan dat ook op een eenvoudig blaadje papier. Desondanks slagen veel mensen er niet in om de door henzelf gestelde plannen en doelen ook na te leven.

Mieke is een druk bezette vrouw met een managementfunctie. Ze geeft leiding aan zes mensen, moet veel reizen voor haar werk en is moeder van vier kinderen. Ook haar man heeft een fulltime functie, maar hij werkt dichter bij huis en heeft daardoor weinig tot geen reistijd. Om beter met haar tijd om te leren gaan, volgt ze een training timemanagement. Een belangrijke tijdvreter is voor haar de telefoon: 'Iedere keer rinkelt dat ding en de meeste telefoontjes gaan over onbelangrijke zaken'. Ze heeft hier veel last van, omdat ze op die manier voortdurend gestoord wordt en haar werkzaamheden niet kan afmaken in de tijd die ze daarvoor gepland had. Daardoor komt ze vaak ernstig in tijdnood. Ze geeft 'anderen' hiervan de schuld.

Dit voorbeeld is duidelijk een geval waarin zogenaamde 'tijdvreters' en gebrek aan assertiviteit een rol spelen. Allereerst iets over tijdvreters.

> Zeldzaam zijn zij die zichzelf en hun zaken met overleg organiseren. De anderen vergaat het zoals de spullen die op de rivier drijven: zij bepalen niet zelf hun koers, maar laten zich meevoeren.
> *Seneca*

Veelvoorkomende tijdvreters zijn o.a.:
- telefoon
- bezoekers
- besprekingen
- uitstelleritis
- papierwinkel, post
- subassertief gedrag

- 'mijn deur staat altijd open'-politiek
- slechte archivering (zoeken)
- kinderen
- overdreven zorg voor anderen.

Als de dingen niet gaan zoals wij verwachten of plannen, is dat omdat we zo vaak worden gestoord. Of liever gezegd: omdat we ons zo vaak laten storen. Meestal hebben we deze storingen namelijk aan onszelf te danken.
Welke tijdvreters kent u? Wie of wat vreet uw tijd weg?

Zelfonderzoek tijdrovende en inefficiënte gewoontes
Vul achter de volgende vragen in hoe vaak ze op u van toepassing zijn.

	bijna nooit	soms	vaak	bijna altijd
1. U start de dag achter uw bureau (tafel), en wat doet u dan? Gaat uw belangstelling uit naar de interessante kwestie van dat moment of naar iets wat iemand die net binnen komt lopen ter sprake brengt? Of gaat u eerst uw prioriteiten na en selecteert u vervolgens het belangrijkste onderwerp? Hoe vaak stelt u prioriteiten en plant u uw werkzaamheden?	O	O	O	O
2. Gebruikt u 'buffers' in uw planningen? M.a.w. reserveert u dagen of uren waarin u achterstallig werk inhaalt of waarin u onverwachte of spoedactiviteiten kunt doen?	O	O	O	O

3. Hoe vaak werkt u meer uren per week dan u eigenlijk zou willen? ○ ○ ○ ○

4. Hoe vaak stelt u 'deadlines' bij beslissingen die u neemt, bijvoorbeeld een uiterste datum waarbinnen uw beslissing uitgevoerd moet zijn of een termijn waarbinnen een rapport of iets anders klaar moet zijn? ○ ○ ○ ○

5. Hoe vaak stelt u een beslissing uit omdat u er eerst nog over na wilt denken en allerlei informatie en ondersteunende feiten wilt verzamelen, omdat u tegen het besluit opziet of het te lastig vindt? ○ ○ ○ ○

6. Vallen mensen in uw omgeving u regelmatig 'lastig' met vragen hoe zij een activiteit moeten uitvoeren? ○ ○ ○ ○

7. Hoe vaak doet u bepaalde werkzaamheden liever zelf, bijvoorbeeld omdat het dan vlugger of beter gaat? ○ ○ ○ ○

8. Probeert u iedere taak/notitie in een keer af te handelen? ○ ○ ○ ○

9. Hoe vaak wordt u in uw werk onderbroken door telefoontjes of onverwacht 'bezoek' dat binnen komt lopen? ○ ○ ○ ○

10. Verlaat u wel eens een bijeenkomst/vergadering eerder omdat het voor u niet meer zo belangrijk is? ○ ○ ○ ○

Voor ieder antwoord krijgt u 0 tot 3 punten. Omcirkel wat bij u van toepassing is. Hebt u bij vraag 1 bijvoorbeeld 'bijna nooit', omcirkel dan de 0 enz.

SCORE

	bijna nooit	soms	vaak	bijna altijd
1.	0	1	2	3
2.	0	1	2	3
3.	3	2	1	0
4.	0	1	2	3
5.	3	2	1	0
6.	3	2	1	0
7.	3	2	1	0
8.	0	1	2	3
9.	3	2	1	0
10.	0	1	2	3

Totaal ..... + ... + ... + ... = ...

Kijk voor de uitslag op pag. 124.

Voor iedereen die minder dan 26 punten scoorde het volgend advies:
- Loop de antwoorden op uw gemak door en maak een 'top drie' van de factoren die naar uw mening de meeste tijd 'vreten'.
- Geef vervolgens per onderdeel aan wat u tot nu toe geblokkeerd heeft om deze tijdvreter aan te pakken.
- Vraag u tot slot af hoe uw keuzes eigenlijk tot stand komen. Goed tijdbeheer gaat er uiteindelijk om de juiste combinatie te vinden tussen wat u werkelijk wilt, wat u zou moeten doen en hoe u dat het beste aanpakt.

Wat gaat u vanaf vandaag doen om uw tijdvreters aan te pakken?

Tijdvreters	Oorzaken, redenen	Maatregelen, oplossingen
_____	_____	_____
_____	_____	_____
_____	_____	_____
_____	_____	_____
_____	_____	_____

Assertieve vaardigheden zoals 'nee' zeggen en grenzen stellen zijn van groot belang bij het beheersen van uw eigen persoonlijke tijdbeheer. Als we terugkijken naar het voorbeeld van Mieke, is duidelijk dat zij moet leren zeggen dat ze op dat moment geen tijd heeft (mits natuurlijk de problematiek kan wachten) en dat de 'beller' op een ander tijdstip (door Mieke aangegeven of samen bepaald) contact met haar kan opnemen. Het duidelijk inplannen van zogenaamde telefoontijd, d.w.z. de tijd waarbinnen telefoontjes 'geclusterd' kunnen worden, bleek een goed actiepunt te zijn waardoor behoorlijk wat van de telefoonlast van Mieke kon worden beperkt.

Tot slot 10 tips om uw tijd beter in de hand te houden:
1. Plan de dag van morgen, liefst aan het eind van deze dag.
2. Plan per dag iets wat u af wilt maken.
3. Regel met uw collega's, gezinsleden etc. tijden (blokuren) waarop u ongestoord kunt werken.

4. Start telefoongesprekken met een doel en meld direct waarvoor u de ander belt.
5. Handel 'papier' in een keer af.
6. Doe vergelijkbare taken achter elkaar.
7. Denk in de ochtend, praat in de middag (i.v.m. de middagdip).
8. Ga gewoon door met uw werk als iemand u onverwacht stoort.
9. Plan belangrijke, maar niet direct urgente taken op rustige tijdstippen.
10. Gebruik uw hoofd om te denken, niet om te onthouden.

Uitslag zelfonderzoek pag. 122

0 - 15 punten: U werkt niet volgens een tijdschema en laat u door anderen opjagen. Enkele van uw doelstellingen kunt u bereiken als u een prioriteitenlijst opstelt en naleeft.

16-20 punten: U probeert vat te krijgen op uw tijd, maar u bent nog niet consequent genoeg om daar succes mee te hebben.

21-25 punten: Uw zelfmanagement bij tijdbeheersing is goed.

26-30 punten: U bent een voorbeeld voor anderen.

HOOFDSTUK TIEN

Praten over stress

In dit laatste hoofdstuk gaan we in op wat u kunt doen als u bij anderen verschijnselen van stress herkent. Door daar aandacht aan te besteden kunt u uzelf en anderen helpen.

'Hoe gaat het met je?'

Hoe vaak stellen we elkaar niet deze vraag! Meestal is het antwoord 'Oh, goed', want we ervaren die vraag meer als een soort groet dan als een echte vraag. We schrikken dan ook behoorlijk als iemand antwoordt met: 'Slecht.' Dan weten we vaak niet hoe we daarop moeten reageren.

- Als iemand u deze vraag stelt, geeft u dan altijd eerlijk antwoord?
- En als u ziet of meent te zien dat anderen ergens mee zitten, neemt u dan genoegen met het antwoord 'goed'?

Zoals u bij uzelf kunt herkennen dat er iets veranderd is, kunt u dat ook bij anderen. Zeker als u iemand al langer kent en weet wat zijn normale manier van doen is. Een van de grootste klachten van mensen die stress hebben, is dat niemand de signalen herkent of er wat mee doet.

Monique: 'Ik heb al vaak laten merken dat ik het zo druk heb, maar niemand schijnt zich er wat van aan te trekken. Als ik weer eens slecht geslapen heb en last heb van hoofdpijn, worden er vaak grapjes gemaakt in de trant van: 'Zeker te diep in het glaasje gekeken gisteravond?' Of ze zeggen:

'Ach meid, neem een aspirientje, dan is het zo weer over.'

Rianne: 'Wij zijn pas verhuisd. Een prachtig pand hoor, daar niet van, maar ik mis m'n oude buurtje zo. Ik voel me hier soms zo eenzaam. Mijn man vindt dat ik niet zo moet zeuren en wel wat blijer mag zijn met ons nieuwe huis. Ik zou eigenlijk lid moeten worden van een club in de buurt om nieuwe mensen te leren kennen, maar ik heb er gewoon de fut niet voor.'

Het lijkt wel of er niet over stress gesproken mag worden. Zodra je laat merken dat je je eigenlijk niet zo prettig voelt, haken mensen af of ze bagatelliseren je onbehagen.
Nog duidelijker wordt dit als iemand overspannen thuis zit. Na het eerste bloemetje en een aarzelend telefoontje hoort de zieke vaak weinig tot niets meer. Het pijnlijke onderwerp, en daarmee de persoon die ziek thuis zit, wordt zoveel mogelijk vermeden. Heel anders toch dan de aandacht die iemand met een gebroken been krijgt van zijn omgeving.
Het lijkt wel alsof stress iets besmettelijks is waar je zover mogelijk vandaan moet blijven, een taboe. Zelf werken we vaak hard mee aan de instandhouding van dat taboe. Jammer, want als we stress bespreekbaar kunnen maken, zullen ook de eerste stappen op weg naar verandering makkelijker gezet kunnen worden.

Oefening
Ga eens bij uzelf na:
Wat neemt u zelf waar bij anderen? Ziet u in uw omgeving ook mensen die zich anders gedragen dan voorheen?

Herkent u bij anderen signalen die in hoofdstuk 2 ter sprake kwamen? Vertoont iemand opeens ander gedrag, reageert hij opeens kortaf? Of ziet u dat mensen zich terugtrekken in situaties waarin ze anders gewoon vrijuit spraken, dat ze minder lachen, ze huileriger zijn dan vroeger of eerder geïrriteerd of wantrouwend? Kent u mensen waar u altijd een beroep op kon doen en die normaal gesproken hun werk afkregen, maar nu niet meer? Of ziet u mensen hun lunchpauzes overslaan, almaar doorgaan met werken, regelmatig langer blijven en ook nog in het weekend werk mee naar huis nemen?

_____

_____

Wat doet u als u bij anderen gedrag of emoties waarneemt die niet kloppen met wat u gewend was te zien?

_____

_____

Wat zou u willen dat anderen doen als zij merken dat er met u iets aan de hand is?

_____

_____

Ongetwijfeld stelt u in het laatste geval op z'n minst wat aandacht van de ander op prijs. Als iedereen net blijft doen alsof er niets aan de hand is, schiet niemand er wat mee op. U niet omdat u het gevoel hebt dat iedereen u, en dus ook uw probleem, negeert. Maar de ander evenmin. Want die weet niet wat uw probleem is en blijft wellicht rondlopen met een onbehaaglijk gevoel omdat hij wel voelt dat er iets speelt, maar er niets van durft te zeggen of niet weet hoe.

Maar als u ander gedrag ziet bij bekenden, wat weerhoudt u er dan van om er iets van te zeggen? Misschien kunt u hen een stukje verder helpen door het probleem zichtbaar te maken. Als niemand er wat aan doet, wordt het probleem waarschijnlijk alleen maar groter. En bovendien: 'Wat u niet wil dat u geschiedt, doe dat ook een ander niet', luidt het gezegde.

Het blijkt in de praktijk goed te werken om de veranderingen die u waarneemt bij anderen te melden, om het probleem bespreekbaar te maken door middel van commentaar. Als u mensen hun rustpauze niet ziet nemen, zeg er dan gewoon wat van. Laat merken dat u ziet dat iemands gedrag veranderd is, niet alleen op het werk, maar ook privé.

- Geeft u in dit kader wel eens commentaar aan anderen?
- En krijgt u zelf wel eens commentaar van anderen?

Marcel: 'Ik zag wel veranderingen bij mijn collega, en ik wilde haar ook wel helpen en er met haar over praten, maar ik heb geen idee hoe ik dat aan moet pakken. Ik was bang dat ik de verkeerde dingen zou zeggen en ze me een bemoeial zou vinden.'

De onzekerheid van Marcel komt voort uit zijn idee dat het wel eens een heel lastig gesprek zou kunnen worden en dat hij de perfecte oplossing moet aandragen. Dat weerhoudt hem ervan om zijn gevoelens ter sprake te brengen.
Hij laat zo een kans liggen om zijn collega te helpen het

probleem zichtbaar te maken, en dat is jammer. Op iemand toestappen en een gesprek aangaan, hoeft helemaal niet te betekenen dat er direct een oplossing gevonden moet worden. De hele simpele vraag 'Wat is er?' of 'Kan ik wat voor je doen' is vaak al genoeg. De ander geeft dan zelf wel aan of hij behoefte heeft aan een gesprek of niet. Het gaat in eerste instantie vooral om de aandacht die u iemand geeft. Gewoon eens rustig samen met iemand een wandelingetje maken of een kop koffie drinken zonder het er verder nog over te hebben, is vaak al heel wat.

Carola: 'In de periode dat ik last had van stress, kwamen er wel eens mensen naar me toe om te vragen of er iets aan de hand was. Meestal ontkende ik dat glashard, want het ging om nogal persoonlijke kwesties. Ik had geen zin om dat allemaal aan de grote klok te hangen.'

Ook hier is sprake van een misverstand. U hebt altijd de keus om wel of niet op een vraag in te gaan. U moet niks. Als u geen zin hebt om erover te praten, kunt u volstaan met een antwoord als 'Ik voel me inderdaad niet zo goed, maar ik wil er nu even niet over praten' of 'Ik weet dat ik een beetje chagrijnig ben de laatste tijd, maar het ligt niet aan jou.'

Commentaar heeft altijd een doel. Dat doel is in het algemeen dat u wilt dat mensen zich anders gaan gedragen of op z'n minst weten dat anderen zien dat er iets verandert bij ze. Meestal wordt commentaar in verband gebracht met iets negatiefs. Maar commentaar kan ook positief en uitnodigend zijn. U wilt graag dat mensen veranderen, niet zozeer omdat ze dingen verkeerd doen, maar omdat u ziet dat er iets aan de hand is. Door commentaar te geven, laat u zien dat u hun probleem bespreekbaar wilt maken.

Ga maar bij uzelf na, als u zelf ergens mee zit, is het vaak lastig om erover te beginnen. Maar als iemand naar u toekomt en iets zegt in de trant van 'Ik zie je de laatste tijd bijna nooit meer lachen, is er iets of kan ik iets voor je doen?', bent u vast eerder geneigd om het te bespreken. Het doet u goed dat iemand aandacht aan u besteedt en laat merken dat hij u wil helpen. U hebt dan niet meer zo het gevoel dat u er helemaal alleen voor staat en dat kan al wat druk wegnemen.

Begin er dus zelf over als u ziet dat iemand ergens mee zit. Probeer het bespreekbaar te maken. Het zijn de eerste stappen op weg naar de mogelijke oplossing. Als iemand zichtbaar iets heeft, bijvoorbeeld een gebroken been, geeft u hem toch ook wat extra aandacht. Waarom zou u dat niet doen bij minder duidelijke symptomen zoals stressreacties?

Niet altijd zal de ander positief reageren. Net als in het voorbeeld van Carola kan iemand uw hulp afwijzen, er niet over willen praten en iets zeggen als: 'Bedankt voor je belangstelling. Ik waardeer dat, maar ik wil echt graag dat je me met rust laat.'

Dan hebt u in elk geval wel de gelegenheid geboden om te kunnen praten en laten merken dat de ander u iets doet. Als hij later toch behoefte heeft om erover te praten, is de drempel minder hoog en is het voor hem minder moeilijk om er alsnog over te beginnen.

Vraag zelf ook om commentaar

Omgekeerd, dus als u zelf met problemen zit of u gespannen voelt, kan het ook zeker geen kwaad om dit zelf aan de orde te stellen. Als u het gevoel hebt dat u nogal snel geïrriteerd bent, waarom zou u dat dan niet op adequate, d.w.z.

assertieve wijze, uitspreken en nagaan of anderen daar ook iets van merken?

U kunt bijvoorbeeld iets zeggen als: 'Ik voel me de laatste tijd niet zo lekker en heb het idee dat ik me veel sneller erger dan vroeger. Vind jij dat ook, of merk jij dat mijn gedrag anders is?'

Of als u weet dat u het al erg druk hebt en zowat op uw wenkbrauwen loopt, waarom zou u dan niet om steun mogen vragen en zeggen: 'Ik neem mij iedere dag weer voor om nu eens gewoon mijn lunchpauzes te nemen, maar dat lukt me toch vaak niet. Zou jij me daarbij willen helpen? Wil jij gewoon een beetje streng voor me zijn, 'stop' roepen en zorgen dat ik me aan mijn voornemens houd als ik weer door blijf werken?'

Nawoord

In dit boek hebben we geprobeerd u op weg te helpen naar een stressbestendiger leven. U hebt gezien dat u voor een groot deel uw eigen spanning creëert en dat u zelf ook veel kunt doen aan het reduceren van die spanning.

Samenvattend kunnen we zeggen dat het bij het vergroten van uw stressbestendigheid in feite gaat om het onderkennen, herkennen en beïnvloeden van de spanningssignalen in uw eigen lichaam.
Dat beïnvloeden kunt u op verschillende manieren doen:
- door u lichamelijk te ontspannen
- door uw denkpatronen te veranderen
- door beter timemanagement
- door goede communicatie met uw omgeving
- door u assertief op te stellen.

Wij hebben met dit boek niet de bedoeling gehad om alle stressproblemen in de wereld op te lossen. We beseffen dat de situatie soms dermate ernstig kan zijn dat professionele hulp noodzakelijk is. Houdt u ondanks uw pogingen om uw stress te verminderen te veel of blijvend last van o.a. migraine, maag- en darmklachten, depressiviteit, fobieën, ernstige overspannenheid of burnout, dan is het raadzaam een arts en/of een psycholoog te raadplegen.

Wij hopen dat we u met dit boek in staat hebben gesteld de alledaagse situaties die spanning en stress veroorzaken, zowel op het werk, als sociaal en privé, het hoofd te bieden. Het bereiken van resultaten vereist echter een actieve houding van uzelf, en veel en regelmatig oefenen. Maar dan bereikt u ook blijvend resultaat en kunt u meer genieten van het leven, en dat was onze bedoeling. Deze laatste spreuk van de beroemde Romeinse schrijver Seneca die leefde van 55 v. Chr. tot 39 na Chr., willen we u dan ook niet onthouden:

Hoe lang ik zal bestaan, hangt niet van mij af. Maar zolang ik besta, hangt het wel degelijk van mijzelf af of ik al dan niet werkelijk zal leven.

Literatuur

Alan Baldon en Albert Ellis, *RET. Een andere kijk op problemen,* Thema, Zaltbommel, 1994

Martine Boelsma, Antoinette Reerink, 'De roep om rust', in: *Algemeen Dagblad,* 26/4/97

Theo Compernolle, *Stress, vriend en vijand. Vitaal stressmanagement op het werk... en in het gezin,* Lannoo/Scriptum management, Tielt (België), 1993

Carola van Dijk en Hans Elbers, *Assertief op het werk. Ikke, ikke, ikke, zonder dat de rest...,* Thema, Zaltbommel, 1996

Hoe meer we ons haasten, hoe groter ons tijdgebrek, in: Volkskrant, 18/3/97

M.A.J. Kompier en F.H.G. Marcelissen, *Handboek werkstress,* Nederlands Instituut voor Arbeidsomstandigheden, 1990

Hans van Krimpen, *Stresshantering voor managers,* Van Gorcum, Assen/Maastricht, 1989

Donald Meichenbaum, *Cognitieve gedragsmodificatie,* Van Loghum Slaterus, 1981

Simon Moors (red.), *Stress & werk,* Nationaal Onderzoeksinstituut voor Arbeidsomstandigheden, 1994

Carry Petri, *Persoonlijke stressbestendigheid,* audiocassette, Thema, Zaltbommel, 1995

H.M. van der Ploeg en J. Vis, *Burnout en werkstress*, Swets en Zeitlinger, 1989

Robert M. Sapolsky, *Waarom krijgen zebra's geen maagzweer? Over stress, door stress veroorzaakte aandoeningen en hoe ermee om te gaan*, Het Spectrum, Utrecht, 1996

Anne Schouten, Theo IJzermans, Marina Zuidema, *Ontspannen*, audiocassette, Thema, Zaltbommel, 1993

Jan Schouten, *Persoonlijke effectiviteit*, Thema, Zaltbommel, 1995

Jan Schouten, *Mij krijgen ze niet gek*, Boom, Meppel, 1995

Herman Siebens, *Stress op het werk*, Garant Uitgevers, 1996

Ingeborg van Teeseling, 'De stress de baas', in: *Intermediair*, 13/12/96

Bertold Ulsamer, *Werken met emotionele intelligentie*, Thema, Zaltbommel, 1997

Jan Verhulst, *REM, Rationeel emotief management. Leidinggeven met gevoel en verstand*, Swets & Zeitlinger, Lisse, 1992

Jan Verhulst, *RET tegen stress. Rationeel omgaan met spanningen*, Swets & Zeitlinger, Lisse, 1995

J.A.M Winnubst en M.J. Schrabracq, *Handboek Arbeid en Gezondheid Psychologie*, Lemma, 1992

Ron Witjas, *De tijd van uw leven. Time management,* Thema, Zaltbommel, 1995

Theo IJzermans en Coen Dirkx, *Beren op de weg, spinsels in je hoofd. Omgaan met emoties op het werk,* Thema, Zaltbommel, 1995

Theo IJzermans en Dominic DiMattia, *Productief denken,* Boom, Meppel, 1993